功利主義起源與當代思潮變遷，羅素的西方哲學史

哲學簡史

近代哲學的興起至當代

以《西方哲學史》的基礎上勾勒新意，
編撰而成的又一部全新哲學史入門書！
從近代哲學興起到當代哲學，西方哲學完整發展歷程

[英] 伯特蘭・羅素
(Bertrand Russell) 著

伯庸 譯

【近代哲學】從文藝復興到啟蒙運動的思想轉折
【不列顛經驗主義】洛克、柏克萊和休謨的哲學
【啟蒙運動與浪漫主義】理性與感性的哲學衝突與融合
【當代哲學多樣性】現象學、分析哲學等 20 世紀主要流派

U0078554

目錄

第七章

近代哲學的興起

中世紀觀念在 14 世紀開始衰落，與此同時，一些新的力量逐漸產生，並塑造了今天的現代世界。從社會角度看，隨著一個強大的商人階級的崛起，中世紀社會的封建結構變得岌岌可危了，商人階級與君主聯合起來反對那些為所欲為的貴族。從政治角度看，當貴族們的習慣據點在更先進的攻擊性武器面前越來越脆弱的時候，他們不可侵犯的優勢便喪失了。如果說農民們原始的棍棒長矛無法攻破城牆的話，那麼火藥就另當別論了。有四項偉大的運動可以作為這一過渡時期的代表（過渡時期是指從中世紀衰落到 17 世紀的躍進）。

　　首先是 15 世紀、16 世紀始於義大利的文藝復興。雖然但丁還停留在中世紀的思考方式裡，但他卻提供了通俗的語言工具，使那些不懂拉丁文的普通人（非教士）也能讀寫書面文字。薄伽丘（Giovanni Boccaccio）和佩脫拉克（Francesco Petrarca）這些作家則回歸了世俗的理想。我們在各類藝術和科學中，到處可以發現人們對古代世俗文化的興趣又重新煥發了，它象徵著與中世紀教士傳統的一種決裂。

　　儘管關於上帝的種種偏見主宰著中世紀的舞臺，但文藝復興思想家們更感興趣的卻是人。一種新的文化運動從這種狀況中產生了，這就是人文主義運動，這是第二種偉大的新生力量。雖然文藝復興從整體上影響了人們的普遍人生觀，但人文主義運動仍然停留在思想家和學者們的範圍中。義大利的文藝復興並沒有使國家再次持久地統一，整個國家被分為若干地區，實行城邦統治，無政府狀態十分盛行。義大利落到了奧地利與西班牙的哈布斯堡王朝手中，直到 19 世紀中葉才重新恢復為一個主權國家。但是，它的文藝復興運動卻產生了強大的影響，並且逐漸向北傳到了德國、法國和其他國家。這些地區偉大的人文主義者大約要比他們的義大利前輩們晚了一個世紀。

改變了中世紀世界的第三大力量，就是與人文主義運動同時代出現的馬丁‧路德的宗教改革。的確，在教會內部，曾經有人一度意識到應該進行某種改革。人文主義思想家們曾批判教會管理中充斥著種種不法行徑，但野心勃勃、貪圖錢財的教宗仍然有著太強的控制力。宗教改革一爆發，立刻遭到了羅馬的猛烈反擊和詛咒。作為一種新興運動，它原本可以被納入萬國教會的大家庭之內，卻因此而被迫陷入了孤立，進而發展成許多國家的新教教會。當天主教終於開始進行自身變革時，這一宗教分裂已經不可挽回了。從此，西方的基督教一直處於分裂狀態。改良後的各種宗教之所以認為「人人都是傳教士」，正是由於人文主義的影響。每個人都可以直接與上帝接觸，基督不需要代理人。

　　第四個重要的發展直接來自經驗研究（發端於奧卡姆的批判）的復興。在隨後的兩個世紀裡，科學領域獲得了重大的成就。其中最重要的就是哥白尼重新發現了太陽中心說，並於西元 1543 年對此作了解釋。自 17 世紀以後，物理學與數學獲得了很大的進步，並且透過對技術進步的促進，確立了其在西方的支配地位。科學傳統除了帶來物質利益以外，它本身也是獨立思想的一個偉大的推動者。無論西方文明傳播到哪裡，它的政治理想都會緊隨著物質擴張的步伐到來。

　　科學進步所產生的觀點，在本質上還是希臘人的觀點，從事科學工作也就是去顧全解釋現象。這些傳統所獲得的權威和中世紀教會強加於人的教條主義是完全不同的。當然，在相當程度上，當探索者持不同意見時，靠信仰的教條體系生活的僧侶統治階層會用同一種論調來對付所有問題。有些人以為牢不可破的整體一致就是優越性的象徵，至於其成立的原因卻從未得到過答案。毫無疑問，它可以使那些支持者感受到一種力量，這才是實際情況。但這樣做並不能使他們的立場有更多的合理

性，就像一個命題並不會因為用了更高的嗓門來宣布，就會變得更正確一些一樣。探索工作唯一需要尊重的，就是理性論證的普遍規則，或者用蘇格拉底的話說，就是辯證法。

然而不知為什麼，科學在技術應用領域的重大成就卻招來了另一種危險。因為漸漸地，很多人開始以為，只要恰當地引導和利用人的努力，就沒有什麼人不能企及的目標。近代技術的極大進步取決於很多人的共同努力，對於那些以制定新計畫為己任的人來說，他們一定真的以為自己的力量是無窮的。而所有這些計畫都包含著人的努力，並且應當為人的目標服務，這一點卻被拋到了腦後。從這方面看，我們自己的世界也正面臨著過分的危險。

在哲學領域，對人的強調產生了一種內向的思辨傾斜，由此導致的觀點是與那種激發權力哲學的觀點截然不同的。現在，人成了自己能力的批判者，除了某些直接經驗外，人不承認還有什麼不可批判的。這一主觀態度導致了某種極端的懷疑論，它的隨心所欲就像「完全忽視個人」的傾向一樣過分。顯然，必須另外尋求一種妥協的解決辦法。

另外，還有兩項特別重要的進步可以作為這一過渡時期的代表。首先是活字印刷術[001] 的出現。就西方世界而言，它可以追溯到 15 世紀，而中國人使用這種方法的時間還要早 500 年，不過當時的歐洲人並不知道。印刷術的出現極大地拓展了新思想的傳播範圍，最終，這也有助於破壞傳統的權威。比如說，譯成了通俗語言的《聖經》透過印刷，便可以很輕易地弄到，教會再也不能憑三寸不爛之舌來維持它在信仰問題上

---

[001] 活字印刷術的發明是印刷史上一次偉大的技術革命。活字印刷的方法是先製成單字的陽文反文字模，然後按照稿件把單字挑選出來，排列在字盤內，塗墨印刷，印完後再將字模拆出，留待下次排印時再次使用。北宋慶曆間（西元 1041 年 -1048 年）中國的畢昇（約西元 970 年 -1051 年）發明的泥活字象徵著活字印刷術的誕生。他是世界上第一個印刷術發明人，比德國的古騰堡（Gutenberg）（西元 1394 年 -1404 年）活字印書早約 400 年。—— 譯者注

的監護人地位了。至於一般的學問，也由於同樣的原因，加快了向現世主義的回歸。印刷術不僅為批判舊秩序的新政治學說提供了傳播的途徑，而且還使得人文主義學者們能夠出版古人的著作。這樣一來便促進了對經典史料的更廣泛的研究，並且有利於普遍提高教育的水準。

有必要指出一點，即如果探討的自由得不到保障，那麼印刷術的發明是否算一件好事就值得懷疑了，因為謬論和真理同樣易於印刷和傳播。如果個人對擺在面前的材料毫不置疑地接受，那麼這個人的閱讀能力也就沒什麼價值了。只有在能夠自由發表言論和意見的地方，印刷品的廣泛傳播才會促進探索。如果沒有這種自由，也許當文盲會更好一些。在我們這個時代，這個問題已經變得更為嚴重了，因為印刷品不再是大眾交流的唯一媒介。自從無線電和電視發明以來，就更有必要永遠保持這種警惕了。一般說來，這種警惕性一旦喪失，自由就會開始喪失活力。

隨著資訊的更廣泛傳播，人們開始對地球形成了一種更為合理的認識。這一認識是透過一系列的航海發現來獲得的，這些發現為西方的魄力和膽略提供了新的契機和出路。造船及航海技術的進步以及對古代天文學的回歸，都使得這些冒險和開拓有了實現的可能。在 15 世紀以前，船隻還不敢遠離大西洋海岸線，一方面是因為這樣做沒有什麼意義，更重要的是，如果冒險進入沒有陸地標示導航的水域，水手們就會覺得不安全。羅盤的使用開闢了公海，從此，探險家們就可以飄洋過海，探索新的大陸和航線了。

在中世紀的人看來，世界是一個靜態、有限和有序的地方，世上的一切都有其特定功用，星辰圍著各自的軌道運行，人們生活在命定的地位之中。這幅自以為是的畫面被文藝復興撕得粉碎。兩種對立的傾嚮導

致了一種新觀點。一方面，人現在占據著舞臺的中心，並對自己的力量和創造力信心十足；但同時，人在宇宙中的地位卻變得不那麼高了，因為空間的浩渺無際開始依賴於哲學家的想像力。德意志的紅衣主教尼各老‧馮‧庫斯（Nicholaus von Kues）（西元 1401 年 -1464 年）在著作中暗示了這些思想，在接下來的世紀裡，它們又被納入了哥白尼的思想體系。同樣，另一種觀點則向畢達哥拉斯和柏拉圖回歸，它認為世界建立在數學模式之上。這一切思辨不僅否定了事物的現有秩序，而且在教會和世俗兩方面都動搖了根基牢固的古老權威。教會試圖遏制異端思想的傳播，但收效不大。儘管如此，我們還是必須記住，即使到了西元 1600 年，宗教裁判所還在詛咒焦爾達諾‧布魯諾 [002]（Giordano Bruno），並將他燒死在火刑柱上。現有秩序的維護者們出於對顛覆的恐懼，對那些勇於特立獨行的人給予凶殘的判決。這種情形在以前也並不少見，然而正是這種判決表現了他們原以為可以維護的地位是多麼岌岌可危。在政治領域，逐漸發展起了新的權威概念，而世襲統治者的權力則受到了越來越多的限制。

宗教改革也並不是在各個方面都富有成效。也許改革派原以為人們在眾多宗教面前最終會明白，可以用不同的方式來崇拜同一個上帝。早在宗教改革之前，尼各老‧馮‧庫斯就在提倡這一觀點了。不過這個十分明顯的結論卻未能為廣大信眾所接受。

當然，文藝復興也不是指古代知識從休眠中突然覺醒。事實上，我

[002] 焦爾達諾‧布魯諾（西元 1548 年 -1600 年），文藝復興時期義大利哲學家、名哲學家、自然科學家，西元 1548 年生於拿坡里附近的諾拉鎮。西元 1563 年進聖多明尼加修道院。西元 1576 年因反對羅馬教會的腐朽制度，相信科學，堅持哥白尼的地動說，被指控為「異教徒」而革除教籍。從此離開義大利，流亡瑞士、法國、英國和德國。西元 1592 年返回義大利，隨即被宗教裁判所逮捕入獄囚禁八年。但他堅貞不屈，寧死不放棄自己的信念，因而被判處死刑。西元 1600 年 2 月 17 日被教會燒死在羅馬繁花廣場。—— 譯者注

們已經看到整個中世紀都殘留著某些古老傳統的遺跡。這種整齊的分界線並不能簡單地將歷史分割開來，但如果處理得好，這種劃分還是有它的優點的。所以，如果說義大利的文藝復興是合理的，這意味著在中世紀和近代之間肯定有一些明顯的差異。例如在經院派的教會文學和世俗文學之間就存在著鮮明的反差，後者始於 14 世紀，採用通俗語言來創作。在人文主義者以古典文化為基礎進行學術復興之前，這種文學的復甦就已開始了，新文學運用了大眾的語言作為創作工具，而學者們的作品卻仍然在使用拉丁文，因而前者的吸引力和號召力比後者更廣泛。

至此，所有的領域都拋棄了中世紀的狹隘觀念。靈感的泉源首先存在於當時蓬勃的世俗興趣，後來又展現在對古代的理想化想像中。當然，那個時代所發展起來的古代概念多少受到了一代人熱情的歪曲，因為他們重新看到了歷史的某種延續性。直到 19 世紀之前，有關古人的浪漫觀點都一直存在著。和文藝復興時期的藝術家和作家相比，我們對這類問題懂得當然要多一些。

義大利的古代文明遺跡提供了昔日的視覺象徵，和後來在阿爾卑斯山以北所採取的形式相比，義大利文藝復興獲得了更廣泛的立足點。從政治角度看，國家的瓦解就像古希臘一樣。北方是為數甚多的城邦，中間是教宗的轄區，南部則是拿坡里及西西里王國。在北方城邦中，米蘭、威尼斯和佛羅倫斯實力最強。城邦之間存在著長期的衝突，各城邦內部也存在著派系紛爭。雖然人與人之間陰謀仇殺的熟練和殘忍程度達到了極點，但整體的國家並沒有遭到嚴重的損害。貴族和城邦都使用僱傭兵來互相廝殺，這些人的職業目的就是生存，為了生存他們什麼都肯做。當義大利成為法蘭西國王和羅馬皇帝的戰場時，這種混亂的局面才得以迅速扭轉。但是義大利的分裂實在太嚴重了，以至於不能同心協力

來抵禦外來侵略。因此，國家依舊四分五裂，大部分地區為外國所統治。在法蘭西與帝國的反拉鋸戰中，哈布斯堡王朝獲得了最終的勝利。西班牙繼續控制著拿坡里和西西里，而教宗轄區則享有預設的獨立。西元 1535 年，米蘭（教宗黨的一個據點）淪為西班牙哈布斯堡王朝的屬地。威尼斯人則處於一種特殊的地位，一方面是由於他們從未被蠻族打敗過，另一方面是因為他們與拜占庭的關聯。威尼斯人在歷次十字

李奧納多・達文西

軍東征中累積了實力和財富，並在戰勝對手熱那亞人之後，主宰了整個地中海的貿易。當西元 1453 年君士坦丁堡落入鄂圖曼土耳其人手中時，威尼斯開始走向了衰落，好望角航線 [003] 的發現和新世界的開闢，更加速了這一程序。

---

[003] 好望角航線，世界上最繁忙的海上通道之一，有「西方海上生命線」之稱。西元 1486 年，葡萄牙探險家迪亞士（Bartolomeu Dias）奉國王之命，率探險隊從里斯本出發，沿非洲西海岸向南航行，去尋找一條通往「黃金之國」——印度的新航道。駛至大西洋和印度洋會合處的水域時，狂風驟雨交加，船隊被推上一個無名岬角，免遭覆滅。迪亞士將其命名為「風暴角」。西元 1497 年 11 月，葡萄牙另一探險家達迦馬（Vasco da Gama）率領遠航隊成功地繞過此角駛入印度洋，次年 5 月到達印度西南海岸，然後滿載黃金、絲綢回到葡萄牙。葡萄牙國王約翰二世（João II de Portugal）則將其命名為「好望角」，以示繞過此角，便帶來了美好的希望。好望角航道便成為溝通歐亞的唯一海上通道。——譯者注

文藝復興最重要的策源地是佛羅倫斯。除了雅典，還沒有任何城市能像佛羅倫斯這樣，造就過這麼多的藝術家和思想家。但丁、米開朗基羅[004]（Michelangelo）、李奧納多・達文西（Leonardo da Vinci）及後來的伽利略（Galileo Galilei），全都是佛羅倫斯人。佛羅倫斯的內亂使但丁被流放，該城最終為麥地奇家族（Medici）所統治。從西元 1400 年往後，除一些暫時的中斷外，這個商人貴族家族統治了這個城市長達三個多世紀之久。

　　至於教廷，文藝復興則對它有著雙重影響。一方面，教宗們對人文主義者的學術探索表現出開明的興趣，並成了藝術的偉大庇護人。教廷聲稱其世俗權力來自「君士坦丁的獻土」；而教宗尼閣五世（Nicolaus PP. V）（西元 1447 年 -1455 年）卻對揭穿這一騙局並持有其他可疑觀點的洛倫佐・瓦拉（Lorenzo Valla）極為推崇，儘管他有非正統的思想，這位文學「偵探」還是被任命為教宗祕書。另一方面，信仰標準變寬鬆後導致的世俗成見，使教廷的宗教影響力大減。有的人，如亞歷山大六世（Alexander PP. VI）（西元 1492 年 -1503 年）的私生活就有些缺乏虔誠，而這種虔誠本來是他們作為上帝的人間代表所應該具有的；更何況，16 世紀的教宗們為了追求世俗的享樂，還把來自國外的大量錢財揮霍一空。這些行為所引起的不滿和抱怨，在宗教改革中激起了怒潮。

　　整體而言，義大利的文藝復興在哲學領域並沒有產生偉大的作品。這並不是一個進行偉大哲學思辨的時代，而是一個重新尋根的時代。尤其是透過對柏拉圖的研究來再次挑戰經院派的亞里斯多德主義。15 世紀

---

[004] 米開朗基羅（西元 1475 年 -1564 年），義大利文藝復興時期著名雕塑家、建築師、畫家和詩人，與達文西和拉斐爾（Raphael）並稱「文藝復興三傑」。米開朗基羅脾氣暴躁，不合群，和達文西與拉斐爾都合不來。他一生追求藝術的完美，堅持自己的藝術思路。其作品以人物「健美」著稱，藝術風格影響深遠。——譯者注

初，科西莫‧德‧麥地奇（Cosimo de' Medici）統治下的佛羅倫斯建起了佛羅倫斯學院。該學院支持柏拉圖派，並藉此反對現有的大學。從通常意義上說，人文主義學者們所做的工作為 17 世紀偉大的哲學發展鋪平了道路。

雖然文藝復興把人們從教會的教條主義中解放了出來，但並沒有使人們脫離形形色色的古代迷信。占星術一直為教會所反對，這時卻大受歡迎，不僅目不識丁的人被它吸引，而且飽學之士也受了影響。巫術也同樣得到了廣泛的接受，許多行為古怪卻又無害的人被當做巫師燒死在火刑柱上。當然，即使到了我們這個時代，政治迫害也並不罕見，儘管已不再時興使用火刑了。隨著對中世紀教條主義的抵制，人們也不再尊重長期形成的品德和行為模式。在所有的因素中，這一點尤其阻礙了面對北方威脅的義大利實現國家統一。在這個時期，背信棄義的陰謀和兩面派行為氾濫成災，消滅對手的「文雅」做法已經發展成了某種無與倫比的權術。在這個欺騙和猜疑盛行的時代，任何可行的政治合作形式都不可能發生。

在政治哲學方面，義大利文藝復興產生了一位傑出人物尼古洛‧馬基維利（Niccolò Machiavelli）（西元 1469 年 -1527 年），他是佛羅倫斯一位律師的兒子，他的政治生涯始於西元 1494 年麥地奇家族被逐出佛羅倫斯之際。就是在這一時期，佛羅倫斯受到了薩佛納羅拉（Savonarola）的影響，這位道明會改革家堅決反對當時的罪惡行徑和腐敗現象。他在積極的努力過程中，終於得罪了波吉亞的教宗亞歷山大六世（Alexander PP. VI），並於西元 1498 年被燒死在火刑柱上。也許是這些事件誘發了人們對權力及政治成就性質的反思，後來，馬基維利就以薩佛納羅拉為例寫道：赤手空拳的預言家總是會失敗的。在麥地奇家族流亡期間，佛

羅倫斯是一個共和國，馬基維利一直擔任公職，直到麥地奇家族於西元1512年捲土重來，再次掌權。由於馬基維利在此期間抨擊了麥地奇家族，因此遭到了罷黜。被迫退出政壇之後，他開始潛心進行政治哲學及相關問題的寫作。為了重新獲得麥地奇家族的歡心，西元1513年他向羅倫佐二世（Lorenzo di Piero de' Medici）獻上了自己的著作《君王論》（*Il Principe*），但仍未能如願以償。他死於西元1527年，就在這一年，羅馬遭到了皇帝查理五世（Karl V）僱傭軍的洗劫。

馬基維利的兩部論述政治的傑作是《君王論》和《李維論》（*Discorsi sopra la prima deca di Tito Livio*）。第一部研究了專制政權得以取勝和維持的方法及手段，第二部則普遍研究了權力在不同統治形式下的運用。《君王論》中的理論根本沒打算為如何做一名有德之君提供道德忠告；相反，它承認某些罪惡勾當有助於獲取政權。「馬基維利式的」一詞正是因此而具有了一定程度的邪惡含義。公平地說，馬基維利並不提倡邪惡原則，善與惡也不在他的探索範圍內，因此他的論證才這樣說道：如果你想獲取權力，那麼你就必須冷酷無情。至於這是善是惡則完全是另一個問題，而馬基維利的研究興趣並不在這裡。人們也許會因為他沒有注意到這個問題而對他過於挑剔，但如果由於他研究了客觀存在的政治權術而對他橫加指責，是沒有意義的。因為《君王論》所記載的東西在一定程度上只是總結了文藝復興時期義大利的普遍做法而已。

馬基維利在為佛羅倫斯效勞的政治生涯中，曾經接受過各種外交使命，從而有足夠的機會來親身體會政治陰謀的錯綜複雜。在外交工作中，他對切薩雷·波吉亞（Cesare Borgia）有了很深的了解。切薩雷·波吉亞是亞歷山大六世的兒子，他與父親一樣，也是一個道地的惡棍。長於計謀和膽略的切薩雷計劃在其父去世之後確保自己的地位。在實現野

心的過程中，他的兄弟由於擋了他的道而被他除掉了。在軍事方面，切
薩雷協助其父擴大教宗的統治區，完全是為自己日後擁有這些土地打算
的。在教宗的繼位問題上，為了使自己的一位朋友得到該職位，他不惜
採取一切手段。在實現這些目標的過程中，切薩雷‧波吉亞表現出了令
人驚嘆的獨創性和外交手腕，他時而假裝和善，時而又置人於死地。當
然，我們無法知曉這些政治鬥爭的犧牲者們的感受，他們很可能從一種
超然的觀點出發，對切薩雷‧波吉亞的權術佩服得五體投地，這也正是
那個時代的特徵。切薩雷的計畫最終還是失敗了，因為他的父親於西元
1503 年去世時，他自己也病倒了，而繼任教宗儒略二世（Iulius PP. II）
正是他的一個死對頭。單就切薩雷‧波吉亞的目標而言，我們完全可以
承認他非常能幹，正因為如此，馬基維利慷慨地讚許了他，在《君王論》
中，他把波吉亞譽為熱愛權力者的楷模。馬基維利認為，這種做法之所
以禁得起辯駁，是因為它符合時代的普遍標準。不過整體而言，從 17 世
紀到 19 世紀，這種冷酷無情的做法並沒有得到寬恕，至少沒有得到公開
的讚揚。20 世紀再次產生了許多具有馬基維利傳統的政治領袖。

　　從西元 1513 年到西元 1521 年，教宗寶座被良十世（Leo PP. X）占
據著，他來自麥地奇家族。由於馬基維利試圖巴結麥地奇家族，因此我
們發現《君王論》用了一些虛偽的陳詞濫調來迴避教宗的權威問題。而
《李維論》對教廷的批判則尖銳得多，裡面的探討更多地充滿了倫理觀。
馬基維利認為，各種類型的掌權者，從宗教創始人到最初的暴君，都應
當以功績大小為序加以考慮。關於宗教在國家中的作用，他的觀點則與
實用主義一脈相承，認為只要國家能夠獲得一定的社會凝聚力，那麼宗
教信仰的正確與否根本就無關緊要。根據這種觀點，為了維護社會穩定
而迫害異端自然就是完全正確的。而教會則因兩條罪行而受到了指責：

首先，很多教會執行者的罪惡生活方式已經削弱了大眾對宗教的信任；另外，教廷對世俗政治的興趣已經成了義大利實現國家統一的一大障礙。我們還可以順便留心一下，後面這條是與如下理解完全一致的：為了達到個人目的，有些教宗曾經處心積慮，不擇手段。《君王論》並未提及這些目的，《李維論》則時有提及。

《君王論》十分清楚地表示，統治者不受傳統道德的約束，除非是出於權宜之計，統治還可以打破所有的道德準則。的確，如果想掌權的話，就必須經常這樣做。但同時，他又得在別人面前做出高尚正直的樣子，只有靠這種表裡不一的兩面派方式，一個統治者才能保住自己的地位。

在《李維論》的一般討論中，馬基維利闡述了「制約與平衡」理論。社會各階層都應該擁有一定的法定權力，以便實行一定程度的相互制衡。該理論可以追溯到柏拉圖的《政治家篇》，17 世紀的洛克（John Locke）和 18 世紀的孟德斯鳩（Montesquieu）使它變得更為引人注目。因此，馬基維利不僅影響了近代政治哲學家的理論，而且影響了當時獨裁者的行為。這一兩面派理論得到了很多人的淋漓盡致的發揮和應用，儘管它也有馬基維利未曾料到的局限性。

在 15 世紀，文藝復興運動曾席捲義大利。但它在阿爾卑斯山北面出現則費了些時間。復興的力量在向北蔓延的過程中，出現了一些重要的變化。首先，在北方，只有學者才關心新觀點。在嚴格的意義上，甚至將它稱為復興都是不恰當的，因為北方並沒有什麼曾經有過如今又能再生的東西。一般說來，在南方，過去的傳統對人們還有一些模糊的意義；而在北方，羅馬的影響只是暫時的，或者說不曾有過，因此，新運動主要靠學者來倡導，其影響力也就多少受到了一些限制。由於在藝術領域

找不到相同的出路，北方的人文主義就在某些方面演化成了更為嚴肅的事情，結果，和義大利相比，它與中世紀權威的決裂顯得更為突然和壯觀。儘管有很多人文主義學者不贊成宗教改革帶來的宗教分裂，但從某個角度看，人們還是希望這種分裂能夠隨著北方的文藝復興而產生。

文藝復興以來，宗教在阿爾卑斯山兩側的人民生活中所產生的作用是完全不同的。在義大利，教廷在某種意義上代表了與昔日帝國的直接連結，宗教事務本身反而成了例行公事，成了日常生活的一部分，人們對它的態度就像對待飲食一樣平靜，甚至在今天，和其他地方的信仰相比，義大利的宗教信仰仍然保持著那種平靜。因此我們就有了兩方面的原因，來解釋為什麼不可能與現有宗教傳統完全決裂。首先，教會在某種意義上仍然是現存體制的一部分，即使如馬基維利所說，教廷是義大利實現國家統一的障礙。其次，宗教信仰並沒有達到號召一聲就出現激進變革的地步，北方的人文主義思想家們嚴肅地關切著宗教及宗教的弊病。他們在辯論作品時，猛烈地抨擊了羅馬教廷的倒行逆施。除此以外，他們還有一種義大利主教們始終不曾原諒過的民族自豪感，這不僅僅是為修繕羅馬城而進貢納稅的普通問題，而是出於對義大利人的不滿，因為頭腦靈活的義大利人在嚴肅認真的北方人面前總是擺出一副恩賜的姿態。

北方最偉大的人文主義者是鹿特丹的伊拉斯謨（Erasmus von Rotterdam）（西元 1466 年 -1536 年）。他不到 20 歲的時候，父母就都去世了，這似乎使他未能上大學。監護人把他送進了一所僧侶學校，他在適當的時候加入了聖奧古斯丁修道院。早年的經歷使他對苛嚴而呆板的經院主義產生了永久的憎恨，因為他深受其害。

西元 1494 年，伊拉斯謨被康布雷主教任命為祕書，從而擺脫了隱居

生活。隨後，他多次造訪巴黎。然而巴黎大學神學院的哲學氣氛已經不能再促進新學術了，因為多瑪斯派和奧卡姆派在文藝復興中已經握手言和，並聯合起來反對人文主義者。

西元 1499 年末，伊拉斯謨對英國進行了短暫的拜訪，並在那裡見到了科利特（Colet），但首先是結識了摩爾（Thomas More）。回到歐洲大陸後，他開始了希臘文的學習，並且學得很快。西元 1506 年，他在義大利的杜林獲得博士學位，這時候他的希臘文程度已經無人能及。西元 1516 年，《新約》的希臘文第一版印刷出版了。他的作品中最值得回味的是《愚人頌》（*Moriae Encomium*），這部諷刺作品寫於西元 1509 年的摩爾家中，以摩爾名字的雙關語作其希臘文標題。該書不僅諷刺了人性的種種缺陷，而且還尖銳地抨擊了宗教組織及其執行者的墮落。儘管他勇於直言不諱地進行批判，但是當宗教改革的契機到來時，他卻沒有公開表示支持。他基本上堅持一種新觀點，認為人可以與上帝直接聯絡，神學純屬多餘。但同時，他又沒有捲入改革所帶來的宗教論戰。他對自己的學術研究與出版更有興趣，並且覺得宗教分裂無論如何都是一種不幸。雖然在某種程度上，這種論戰確實令人厭煩，但這些問題是不能忽視的。

最終，伊拉斯謨宣布倒向天主教，不過這時候他已經不重要了，歷史舞臺已經為更勇敢的人所占據，只有在教育方面，伊拉斯謨的影響才讓人們留下了長久的印象。在任何西歐觀點盛行的地方，人文主義學問至今仍是中學教育的主要內容，這主要歸功於伊拉斯謨的文學和宗教活動。作為出版家，他並不總是對原文進行徹底的批評性審查，他的出版對象是更為廣泛的普通讀者，而不是學術專家，但同時，他又並沒有採用通俗語言來寫作，而是有意加強拉丁文的地位。

在英國，最傑出的人文主義者是湯瑪斯·摩爾爵士（西元 1478年 -1535 年）。摩爾 14 歲時被送入牛津，並開始在那裡學習希臘文。在當時，這很容易被視為不務正業的古怪舉動，自然也就引起了這位年輕學者的父親的懷疑。於是摩爾注定只能繼承父業，從事法律工作。西元 1497 年，他結識了初訪英倫的伊拉斯謨。與新學問的重新接觸增強了他對希臘文研究的興趣。不久，他過了一段時間的禁慾苦行生活，並體驗了卡爾圖斯修士會的嚴苛作風。但是，他最終還是放棄了做僧侶的念頭，這可能與他的朋友伊拉斯謨提出了反對意見有一定關係。西元 1504 年他成了下院議員，並因直言不諱地阻止亨利七世（Henry VII）的財政請求而名聲大噪。亨利七世死於西元 1509 年，摩爾又重新從事了律師職業，但亨利八世（Henry VIII）很快又把他召回去擔任公職。西元 1529 年武爾濟垮台之後，摩爾被提升到了最高職位，成了下一任大法官。但他任職時間並不長，西元 1532 年，由於反對國王與亞拉岡的凱薩琳（Catherine）離婚，摩爾辭去了大法官職務，並因拒絕出席安·寶琳（Anne Boleyn）的加冕典禮而引起了國王的強烈不滿。當西元 1534 年「至權法案」確定國王為新教會的領袖時，摩爾又拒絕宣誓，於是他被關進了倫敦塔。西元 1535 年，他被認定曾經說過下院無權決定國王為教會領袖的話，從而以叛逆罪被處死。那個時代並沒有在政治問題上寬容的習慣。

　　摩爾是一位多產作家，但他的絕大多數作品今天幾乎已經沒有人去讀了。他的名聲完全得益於一本名為《烏托邦》（*Utopia*）的政治空想書籍。這種幻想的社會、政治理論顯然受了柏拉圖《理想國》的啟示。這些觀點以報導一位水手遭遇的形式提了出來，船隻遇難後，這位水手在島嶼（烏托邦）上生活了 5 年之久。像柏拉圖的作品一樣，該書也極

為強調公共財產，而且理由相近。它堅持認為，在財產私有的地方，就不可能出現對集體福利的徹底尊重。另外，假如人們將財物據為己有，那麼財富數量的差異就會使他們彼此間產生隔閡。在烏托邦社會裡，人人都應該平等，這是一個天經地義的基本狀況。他由此推斷，私有財產是一股腐蝕力量，因而不應容許它存在。當來訪者對烏托邦人說起基督教時，主要吸引他們的只是基督教財產教義中的共產主義色彩。這本書極為詳盡地描述了這個理想國的組織。這個國家由一個首都和五十三個其他城鎮組成，不僅建造模式相同，而且住宅樣式也整齊劃一，所有的人都可以自由來往。由於這裡沒有私有財產，所以偷竊也就變得毫無意義。散布於鄉村的農莊全都按一樣的方式經營。至於服裝，除了已婚婦女和未婚女子之間有一處細微而必要的差異外，所有的人都穿同一樣式的衣服，服飾十分樸素，而且總是一成不變，人們根本不知道有五花八門的時尚。公民們的工作生活也按照同一模式進行，所有的人都每天工作六小時，晚上八點就寢，早晨四點起床，從不更改。那些有學者素養的人則從事腦力勞動，而不做任何別的工作，管理者就是從這群人中選舉產生的。政治體制是一種間接選舉的代表制民主形式。當選的國家元首只要恪盡職守，就可以終身任職；如果品行不端，就會被廢黜。公眾的社會生活也要服從嚴格的規章制度。而與外國的關係，則要限定在必不可少的最低程度。比如烏托邦沒有鐵，就必須依賴進口。儘管除了自衛或支持盟國及受壓迫國家外，絕不發動戰爭，但男女公民還是要接受軍事訓練。國家盡可能招募僱傭兵來打仗，並透過貿易來建立貴重金屬基金，以便在戰時向僱傭兵發軍餉，而他們自己是不需要用錢的。烏托邦人的生活方式既不偏激，也不苦行，但還是有一個小小的限制：無神論者雖然被允許堅持自己的觀點，但不享有公民身分，也不能進入政府

機構。比較卑下的工作則由奴隸們來承擔，這些奴隸是從那些為逃避本國懲罰而逃亡的外國人和重刑犯中徵來的。

　　毫無疑問，在這樣一個精心設計的國家裡，人們的生活是了無生趣的。這是各種理想國的一個共同特徵。然而在摩爾的討論中，更中肯的是他對宗教寬容問題的新自由觀。宗教改革已經動搖了歐洲基督教自以為是的權威態度，前面說過，改革先驅者們提倡在宗教事務上持寬容態度，當宗教改革運動導致了歐洲宗教持久的分裂時，寬容概念便逐漸盛行起來了。為了避免出現大規模的滅絕和鎮壓，別的方法也曾用過，但最終都無濟於事。在 16 世紀，所有人的宗教信仰都應該得到尊重的觀念仍被視為奇怪的想法，這足以引起正統派的注意。

　　宗教改革的結果之一，就是使宗教成了一種更開放的、經常以國家為基礎的政治性事務。比如在英國，只要某種世界性的宗教占據了優勢，這種情況顯然就不可能發生。正是由於宗教信仰的這種政治特徵，摩爾之類的人才會拒絕支持宗教改革。實際上，他們是贊成進行某種改革的，我們在談到伊拉斯謨時已經看到了這一點，但使他們感到惋惜的是，為了某種教義的完全分離，竟然出現了暴力衝突。從這一點上看，他們當然是十分正確的。在英國，宗教分裂的國家特徵極為明顯，新建立的教會與國家機器的政治結構緊密相關。同時，英國的決裂在某些方面並不像其他地方那樣劇烈，因為英國曾經長期存在著一種相對獨立於羅馬的傳統。征服者威廉早就堅持他在主教任命問題上的發言權，從威廉和瑪麗時代 [005] 起，英國就始終保持著由新教徒繼位的傳統，我們由此可以看出新教會的反羅馬傾向，這一傾向還殘留在一條規定羅馬天主教徒不得任美國總統的不成文法當中。

---

[005] 指英國國王威廉三世（William III）和女王瑪麗二世（Mary II）統治時期。——譯者注

我們知道，在宗教改革爆發前的幾個世紀裡，知識氛圍的逐漸變化已經動搖了教會至高無上的舊觀念。產生這一革命性變化的原因很多，也很複雜。從表面上看，我們看到的僅僅是人們對上帝的代理人職權的一種反抗，但是，如果教會本身的弊端沒有使人們注意到它的言行不一的話，那麼這個值得稱道的原則也許就不會獨自獲得突破。事實上，教士們經常占有地產，如果不是因為牧師們的世俗舉止違背了耶穌的教誨，他們擁有地產本身倒也不會引起人們的反對。至於教義的問題，奧卡姆早就堅決主張，即使沒有至高無上的羅馬主教，基督教也同樣可以發揮作用。因此，對基督教徒的宗教生活進行徹底改革的條件，就存在於教會內部。最後是由於政治勢力的介入，改革才導致了宗教分裂。

在智力方面，改革者雖然不如那些為改革打下基礎的人文主義學者，但他們卻提供了批判性思想家難以喚起的革命熱情。馬丁·路德是一位奧古斯丁派的修道士和神學教師，教會出售贖罪券的惡劣行徑使他和別的許多人一樣，在道德上感到十分苦惱。西元 1517 年，他挺身而出，公開發表了著名的《九十五條論綱》（95 Thesen），並將這份文件釘在了維滕貝格教堂的大門上。當他在這一點上向教廷挑戰時，並沒有準備建立某個新宗教，但是，這個爭論不休的問題牽涉到向德意志大規模進貢的政治問題。當路德於西元 1520 年當眾燒毀教宗開除教籍的訓令時，這問題就不再是單純的宗教改革問題了。德意志的王公貴族和統治者們開始聯合起來，於是宗教改革演化成了一場德意志人反對教宗敏感權力的政治起義。

西元 1521 年的沃爾姆斯會議之後，路德隱居了十個月，潛心翻譯了《新約》的德語版。作為一部文獻，在某種程度上，它對於日耳曼人就像《神曲》對於義大利人一樣重要。無論如何，它為福音書在民間的傳播提

供了很大的便利。現在，任何一個識字的人都能夠發現耶穌的教義和現有社會秩序之間有著很大的差異。正是這種認識和以《聖經》作為唯一權威的新教觀念，為西元 1524 年的農民起義提供了道德上的支持。但路德並不是一個民主改革家，他公然反對那些蔑視自己政治主子的人，他在政治上仍舊保持著中世紀的觀念。農民起義在各個方面都導致了暴力與殘殺，最終被殘酷鎮壓了下去。這次社會革命的失敗，也在一定程度上削弱了宗教改革的原動力。「新教（Protestant）」一詞源自改良宗教支持者們所發出的一個呼籲。西元 1529 年，他們對會議條款表示抗議，該會議宣布路德及其追隨者為非法，不過這一議案從西元 1526 年以後就暫時被擱置了起來。現在，路德由於再次遭到帝國的禁止，因而無法出席西元 1530 年的奧格斯堡會議。但這時的新教運動已頗具實力，要壓制下去已經不可能了。西元 1532 年，皇帝不得不接受紐倫堡宗教和約，並很不情願地保證：新教徒可以自主信教。

宗教改革運動迅速蔓延到了低地國家、法國和瑞士。在路德之後影響最大的改革家是約翰·喀爾文（西元 1509 年 -1564 年），一位定居日內瓦的法國人。喀爾文二十出頭就轉向了改革運動，此後成了法國和荷蘭新教的精神領袖。作為一種學說，喀爾文主義的奧古斯丁教義要比路德的福音主義更為激烈和不妥協。它洋溢著清教徒理想，認為靈魂得救是一個宿命論問題。這是基督教神學缺乏吸引力的特徵之一，羅馬教會就明智地捨棄了這種教義。當然，在實踐中它並不像看上去那麼有害，因為人人都可以自由地認定自己就是上帝選中的獲救者之一。

16 世紀下半葉，天主教與改良後的胡格諾教派之間的宗教戰爭把法國弄得支離破碎。正如德國的情況一樣，這類動盪的原因並不僅僅是宗教上的，有部分是經濟原因。更確切地說，宗教和經濟兩方面的因素正

是從中世紀到近代過渡期普遍變革的象徵。因為改良宗教及其清教徒特徵是與近代商貿的興起密切相關的。西元 1598 年在南特頒布的寬容敕令曾一度彌合了法國的宗教分歧，當這一敕令於西元 1685 年被廢止時，許多胡格諾派教徒離開家園，移居到了英國和德國。

由於新教不是世界性宗教，因此它需要得到國家政治領導者的庇護，而後者也就容易成為國教領袖。從表面上看，這是一件可喜的事情，因為新教牧師們缺乏羅馬教士那種權力，也就不會胡作非為了，儘管他們常常也像別人一樣頑固而偏執。最終，人們發現宗教紛爭是徒勞的，是不會有定論的，因為任何一方都沒有強大到消滅另一方的地步。宗教寬容正是從這種消極意識中逐漸發展了起來。

16 世紀中葉，一場新的宗教改革運動在羅馬教會內部爆發了。這場運動以耶穌會為中心，耶穌會由依納爵·羅耀拉（Ignacio de Loyola）（西元 1491 年 -1556 年）創立，並於西元 1540 年得到了官方的承認。受早年軍旅生涯的啟發，羅耀拉按照軍事原則建立了耶穌會。耶穌會反對新教所採納的奧古斯丁教義，並且強調自由意志高於一切。他們的實際活動包括傳教、教育及剷除異端邪說，他們也是西班牙宗教裁判所的主要組織者。

北方人文主義引出了一個新的基督教概念，而義大利的人文主義思想家們卻不大重視宗教。像現在一樣，那時的天主教在義大利只是日常生活的一部分，並沒有深入到人們意識深處。在某種意義上，宗教在他們的生活中只充當了一個小角色，自然也就不大可能激發起他們的情感。另外，羅馬是統治集團的中心，因此羅馬天主教不可能削弱義大利人的民族自豪感，這正是古羅馬帝國時代就存在過的國家崇拜原則的殘餘。在羅馬教會的統治機構中，義大利影響一直到今天還保持著它的優勢。

在義大利人文主義者的觀念裡，更重要的是他們再次強調了畢達哥拉斯與柏拉圖的數學傳統。世界的數字結構再一次受到重視，並取代了亞里斯多德傳統，儘管後者曾經使前者黯然失色。這是導致 16 世紀、17 世紀科學探索復興的主要發展之一。在義大利文藝復興的建築理論和實踐中，這一點尤為明顯，這時的建築與以前的經典傳統，尤其是與維特魯威（Vitruvius）作品中所確立的傳統有著直接的關係。維特魯威是 1 世紀的羅馬建築師。建築物各部分之間的比例以及與美有關的數學理論受到了極大的重視。正如維特魯威基於希臘傳統所說的那樣，美存在於適當比例的和諧之中。這種看法可以追溯到畢達哥拉斯時代。同時它還表示，包含著理念論的另一種方式也是成立的。因為人的肉眼顯然不能精確地判斷某個結構各部分之間的數字關係，但如果有了精確的比例，似乎就可以產生某種美的滿足感。因此，這些比例作為一種理想存在，就保證了完美。

阿伯提（西元 1404 年 -1472 年）是義大利最重要的人文主義思想家之一，就那個時代而言，這位威尼斯人是一位多才多藝的工匠。他在建築領域的影響最為持久，但同時他也是一位哲學家、詩人、畫家和音樂家。誠然，正如要理解畢達哥拉斯派對希臘哲學的影響，就必須了解一些基本的和諧知識一樣，在文藝復興時期的建築學中，為了領會設計中的各種比例關係，也需要用到同樣的知識。簡單地說，這一理論的基礎就是把畢達哥拉斯音程中的聽覺和音作為建築設計中的視覺和諧標準。當歌德[006]（Goethe）後來說「建築就是凝固的音樂」時，他確切地表達了文藝復興時期建築師們所要實踐的一些東西。這樣一來，以調和弦為

---

[006] 約翰·沃夫岡·馮·歌德（西元 1749 年 -1832 年），18 世紀中葉到 19 世紀初德國和歐洲最重要的劇作家、詩人、思想家。除了詩歌、戲劇、小說之外，歌德在文藝理論、哲學、歷史學、造型設計等方面，也都獲得了卓越的成就。——譯者注

基礎的和諧理論就為藝術提供了整體的「優秀」標準，喬爾喬[007]（Giorgio Vasari）與達文西等人也作過這樣的解釋。比例原則還展現在人體結構和道德調節功能上，這一切都屬於直接而嚴密的畢達哥拉斯主義。但數學在這裡還進一步發揮了「極大地影響了後世科學復興」的作用，只要帶有數的特徵，藝術立刻就能上升到一個新的高度。最明顯的例子就是音樂，但它也適合其他門類的藝術。在某種程度上，這也反映了這一時期的人文主義思想家是多才多藝的，尤其是許多人既是藝術家又是建築師，因為關於比例的數學為宇宙萬物的設計提供了一把萬能鑰匙。當然，這種理論能否作為美學可靠的普遍基礎，也還是有爭議的，但無論如何，它都具有極高的價值。這種理論建立了不受情感或目的約束、無可爭議的、客觀的「優秀」標準。

由於了解了事物中的數字結構，人們就有了征服周圍環境的新力量。在某種意義上，它使人更像上帝。畢達哥拉斯派曾認為上帝是至高無上的數學家，如果人能夠在一定程度上運用並提高自己的數學技能，那他就更接近於神的地位了。儘管這並不意味著人文主義就不虔誠，或者甚至反對公認的宗教，但它確實表示，流行的宗教習俗很可能被作為例行公事來接受，真正激發思想家想像的則是古代前蘇格拉底學說。因此，一種新柏拉圖主義的傾向就在哲學領域再次引起了重視。對人的力量的關注，使我們想起雅典鼎盛時期的樂觀主義。

以上就是近代科學得以成長的知識氛圍。人們有時候會以為，在 17 世紀初，科學突然全副武裝地闖入了生活，猶如雅典娜從宙斯的頭顱裡

---

[007] 喬爾喬·瓦薩里（西元 1512 年 -1574 年），米開朗基羅的得意門生，義大利文藝復興時期著名畫家、美術史學家。他於西元 1562 年創立了迪亞諾學院（今義大利佛羅倫斯美術學院），被譽為世界美術教育奠基人。著有《繪畫、雕塑、建築大師傳》一書，沒有人比他更了解藝術的價值，更懂得紀念偉大藝術家的重要性。——譯者注

冒了出來。然而事實並不是這樣的，科學復興直接地、有意識地源自義大利文藝復興的畢達哥拉斯傳統。同樣應該強調的是，在這種傳統中，藝術家與科學探索者的工作並不是對立的，他們都以各自不同的方式探索真理，並透過數字來掌握真理的實質。對於任何一位不辭辛勞的真理探求者來說，這些數字的模式都是清晰可辨的。這種對世界及其各類問題的新觀點與經院哲學的亞里斯多德主義截然不同，它是反教條的，因為它並不依賴書本，它唯一依賴的權威就是數字科學。在這方面，它有時候也許走得太遠了，像一切別的領域一樣，這種過度的危險性必須永遠牢記。就拿現在的例子來說，做得過度則可能導致把數字當做魔術符號來依賴的數學神祕主義，這一點和一些別的因素，在以後的世紀裡曾使比例理論聲名狼藉。另外，人們還感到畢達哥拉斯的音程理論對設計師的發明天賦強加了許多不自然的、沉悶的限制。很顯然，這種違背規則的不切實際的副作用，在我們這個時代也完全可能繼續發展下去，然後在不久的將來再向著曾經激勵過義大利文藝復興的某些原則回歸。

　　從整體上看，15 世紀、16 世紀的哲學本身並不是波瀾壯闊的。另一方面，新知識的傳播、書籍的發行，首先是畢達哥拉斯和柏拉圖傳統的重新煥發活力，為 17 世紀的偉大哲學體系鋪平了道路。

　　隨著古代思考方式的復甦，偉大的科學革命緊接著開始了。它在一定程度上以正統的畢達哥拉斯主義為起點，並逐漸推翻了亞里斯多德物理學和天文學的既成概念，最後深入到現象的背後，發現了極其普遍而強而有力的各種假說。在所有的領域，精益求精的探索者們都清楚自己直接繼承了柏拉圖的傳統。

　　第一位重新提出阿里斯塔克斯「太陽中心說」的人是哥白尼（西元1473 年 -1543 年）。這位波蘭教士早年到過義大利，並於西元 1500 年在

羅馬講授數學。正是在羅馬，他接觸到了義大利人文主義者的畢達哥拉斯主義。他在義大利的幾所大學攻讀了幾年之後，於西元 1505 年回到了波蘭，並於西元 1512 年重操舊業，在弗龍堡大教堂當了一名牧師。他主要做些管理工作，偶爾也替人看看病（他曾在義大利學過醫），一有空閒，他就研究天文學。在義大利期間，太陽中心說的假說引起了他的注意，現在，他試圖用當時所能蒐集到的儀器來證實他的觀點。

他的《天體運行論》（De revolutionibus）完整地記錄了這一切，這本書直到他去世以後才得以出版。他所闡述的理論並沒有擺脫各種難題，在某些方面還受到了來自畢達哥拉斯的預定概念的支配。行星必須在圓周上勻速運動，這對於哥白尼來說似乎是意料之中的結論，因為圓周是完美的象徵，而且只有勻速運動才適合於某個天體。然而，在力所能及的觀測範圍內，主張圓形軌道的太陽中心說要比托勒密（Ptolemaeus）的本輪學說更合理，因為它終究是一個能夠單獨解釋所有現象的簡單假說。

哥白尼的理論遭到了天主教徒和路德派教徒的強烈敵視。因為他們感覺到了這是一場新的反教條運動的開始，雖然不會撼動宗教本身，但它至少會損害到宗教組織所依賴的獨裁原則。科學運動的偉大發展之所以主要在一些新教國家出現，是因為這些國家的教會在控制教友的意見方面比較軟弱。

繼哥白尼之後，第谷·布拉厄（Tycho Brahe）（西元 1546 年 -1601年）繼續進行天文學研究。他的主要貢獻是提供了廣泛而準確的行星運行紀錄。他還證明了月球以外的空間同樣也有變化，並由此對亞里斯多德的天文學說提出了質疑。因為西元 1572 年發現的一顆新星就沒有周日視差，所以它的距離肯定比月球遠得多。另外，還可以證明彗星在月球

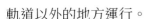

軌道以外的地方運行。

　　克卜勒（Kepler）（西元 1571 年 -1630 年）則又向前邁出了一大步，他是在第谷‧布拉厄手下工作的一位年輕人。他透過對觀測紀錄的仔細研究，發現哥白尼的圓形軌道並沒有合理地解釋現象。他了解到軌道是橢圓形的，而且太陽就位於其中一個焦點上；另外，他還發現在一定的時間內，太陽光的輻射半徑每次掃過某顆行星的面積是不變的；最後，所有的行星都具有一個相等的比值，即行星旋轉週期的平方與行星和太陽之間平均距離的立方之比。這就是克卜勒的三定律，它們確實與畢達哥拉斯主義徹底決裂了，後者曾指導過哥白尼的研究。這樣一來，圓周運動之類的膚淺說法顯然就要被拋棄掉。在這之前，由於簡單的圓周運動顯得不夠充分，於是自托勒密以後，人們習慣於用本輪運動來合成更為複雜的軌道。這種方法對月球相對太陽的運動做出了近似的解釋，但更為細膩的觀測卻顯示，複雜的本輪根本不能充分地描述所觀測到的軌道，而克卜勒的第一定律則一下就解決了這個棘手的難題。同時，他的第二定律顯示，行星在自己軌道上的運動不是勻速的，當它們離太陽更近的時候，比在軌道的較遠位置運動得要快一些。這一切使人不得不承認，如果不參照事實，光憑美學或神祕原則的想當然來進行論證，是很危險的。另一方面，克卜勒的三定律還出色地證明了畢達哥拉斯主義的數學原理。這樣一來，似乎的確是現象中的數字結構才提供了理解現象的鑰匙。同樣，為了合理地解釋種種現象，人們就必須尋找那些往往不很明顯的關係。正如赫拉克利特所說，宇宙運行所遵從的準則是隱蔽的，探索者要做的就是去發現它們。最重要的是，千萬不可為了維護某個表面的原則而歪曲現象。

　　如果說忽視現象是危險的，那麼盲目地記錄現象，則像異想天開一

樣，也是於科學無益的。亞里斯多德就是一個典型的例子，因為他正確地說了下面這句話：如果你不繼續推動某個物體，那麼它就會最終停下來。對於我們能看到的、並且能推動的物體來說，這句話無疑是對的，但如果由此認定我們自己無法推動的星體也一定如此，那就錯了，我們會因此認為，它們一定是按照別的方式來運行的。動力學中的一切謬論都是建立在自以為是的表面現象之上的，在這裡，正確的分析同樣是隱蔽的。在沒有受到連續推動的情況下，致使物體速度變慢的原因是阻力，假如沒有阻力，物體就會自動地永遠運動下去。當然，我們不可能完全消除阻力，但我們可以透過減小阻力來看到，路障清除得越徹底，運動持續時間就越長。最後，當物體不受任何東西的阻礙時，它就會繼續運動下去。

伽利略系統性地闡述了動力學中的這一新假說，他是近代科學的偉大奠基者之一。這個新的動力觀點在兩方面完全脫離了亞里斯多德主義。首先，它假定了物體的第一狀態不是靜止，而是完全自然的運動。其次，它表示了圓周運動並不像原來以為的那麼「自然」，更「自然」的應該是直線運動。「自然」一詞在這裡具有特殊含義，如果某物體不受任何形式的干擾，那它就會沿著一條直線勻速運動下去。對觀測結果缺乏批判性的態度曾經影響了人們正確地理解支配落體的規律，事實上，在大氣中，如果質量相等，那麼密度大的物體要比密度小的物體下落得快一些。在這裡，我們必須考慮到物體下落時所受到的介質阻力，介質越稀薄，所有的物體下落的速度就越接近一致，而在真空中則完全一樣。對落體的觀測顯示，物體下落的速度每秒會增加 32 英尺，因此，由於下落速度不是均勻的，而是加速的，所以一定有什麼東西在干預物體的自然運動，這種東西就是地球所施加的重力。

這些結論不僅對伽利略的拋射體研究具有重大意義，而且對於其庇護人托斯卡尼公爵來說，同樣具有一些軍事上的實用價值。這裡有一個明顯的例子就首先利用了一項重要的動力學原理。如果我們考慮拋射體的軌跡，就可以把整個運動看做由兩部分彼此分離、獨立的運動構成，其中一種運動是水平、勻速的，另一種則是垂直的，這種結合的運動路線最終形成了一條拋物線軌跡，這是一個遵循平行四邊形加法定律的向量合成的簡單例子。速度、加速度和力都是可以按這種方式來處理的量。

　　在天文學方面，伽利略接受了太陽中心說，並且陸續有了許多重大發現。他對不久前在荷蘭發明的望遠鏡作了改進，並觀測到了大量的事實，這些事實徹底摧毀了亞里斯多德錯誤的天文觀念。終於，他發現了銀河是由無數星星組成的。哥白尼在其論述中曾經說過，金星肯定會顯示出相位（盈虧），現在，這一觀點透過伽利略的望遠鏡得到了證實。望遠鏡還發現了木星的衛星，並證明了這些衛星正按照克卜勒的定律繞著木星運轉。這一系列發現推翻了根深蒂固的謬誤，並使得正統經院派大肆譴責望遠鏡，因為它損害了他們原本安穩的教條。有一點是值得我們注意的，那就是三百年後出現了一件非常類似的事情──孔德[008]譴責顯微鏡破壞了氣體定律的簡單形式。從這個角度看，實證論者倒是與亞里斯多德在物理觀測方面的執拗和膚淺有著許多相同之處。

　　伽利略必定會冒犯正統派，這只是一個時間問題。在西元 1616 年宗教裁判所的祕密法庭上，他受到了指責。但他似乎毫無妥協之意，於是西元 1633 年他再次被強行拉上了法庭，受到了公開審判。為了脫離凶險，他只好當眾認錯，並承諾從此放棄一切關於地球運行的觀點。據說

---

[008] 奧古斯特·孔德（西元 1798 年 -1857 年），法國著名哲學家，社會學和實證主義的創始人。他在著作中正式提出「社會學」這一名稱，建立起社會學的框架和構想。他創立的實證主義學說，是西方哲學由近代轉入現代的重要代表之一。──譯者注

他迫於教廷的命令不得不這樣做時，嘴裡還在自言自語：「可地球還是在轉嘛！」當然，他的公開認錯只是表面上的，但宗教裁判所卻因此成功地阻撓了義大利的科學探索長達數百年之久。動力學普遍理論的最後一步工作是由艾薩克‧牛頓（Isaac Newton）（西元 1642 年 -1727 年）來做的。它所涉及的絕大部分概念曾經被前人暗示過或運用過，但牛頓第一個理解了前輩們探索程序的全部意義。在西元 1687 年出版的《自然哲學的數學原理》（*Philosophiae Naturalis Principia Mathematica*）一書中，他提出了運動的三大定律，並按照古希臘人的演繹方式論述了動力學。牛頓第一定律是對伽利略原理的廣義上的表述，一切物體，假如不受外力的阻礙，都會以恆定的速度作直線運動，用專門術語來說，就是做勻速運動。牛頓第二定律把力定義為變速運動的原因，並且指出，力與質量、加速度之積成正比。牛頓第三定律則認為每個作用都有一個大小相等、方向相反的反作用。在天文學方面，他作出了最後的完整論述，而哥白尼和克卜勒做的是一些基礎工作。按照萬有引力定律，物質的任何兩個粒子之間都有引力，而且該引力與兩個粒子質量的乘積成正比，與距離的平方成反比。用這種方式，行星及其衛星，還有彗星的運動，都能夠被解釋到已知的最細微的地步。由於事實上每個粒子都在影響著任何一個別的粒子，於是這個理論就使我們有可能準確地計算由其他物體所引起的軌道攝動，在這之前，是沒有任何其他理論能夠做到這一點的。至於克卜勒的定律，現在只能算是牛頓理論的推斷。在此，牛頓似乎終於找到了通向宇宙的數學鑰匙。我們現在用以陳述這些事實的終極形式，就是運動的微分方程式（它所適用的現實運動的一切表面偶然性細節都已經被完全排除）。愛因斯坦更為廣義化的論述也是如此。不過迄今為止，相對論仍然是有爭議的，而且為其內在難題所困擾。牛頓闡述

動力學的數學工具是流數理論,這是微分學的一種形式,萊布尼茲也獨立地發現了它。從此,數學和物理學開始有了長足的進步。

17 世紀還有一些其他的重大發現。西元 1600 年,吉爾伯特[009](William Gilbert)出版了關於磁力的著作;惠更斯[010](Christiaan Huygens)在這一世紀中葉提出了光的波動理論;哈維[011](William Harvey)於西元 1628 年公布了他在血液循環方面的發現;羅伯特·波以耳[012](Robert Boyle)於西元 1661 年出版的《懷疑派化學家》(*The Sceptical Chymist*)一書結束了鍊金術士的故弄玄虛,由此回歸了德謨克利特的原子理論。儀器製造業的重大成就提供了更精確的觀測方式,從而促進了理論的進一步發展。隨著科學活動的空前繁榮,與之相應的技術發展也緊跟其後,並使西歐保持了大約三百年的霸主地位。科學革命使希臘精神再次引起了人們的關切,所有這一切也都在哲學中有所展現。

迄今為止,哲學家在解釋現象的過程中,所討論的主要還是解釋和說明方面,而現象本身則幾乎無人提及,當然,這種狀況也是有很多理由的。亞里斯多德的三段論法作為一種「工具」或「工具論」,已經無法

---

[009] 吉爾伯特(西元 1544 年 -1603 年),英國著名的醫生、物理學家。他醫術高明,西元 1601 年擔任英國女王伊莉莎白一世(Elizabeth I)的御醫,直到西元 1603 年 11 月 30 日逝世。他在科學研究方面興趣廣泛,尤其是他用觀察、實驗的方法科學地研究了磁與電的現象,並把多年的研究成果寫成名著《論磁石》(*De Magnete*),於西元 1600 年在倫敦出版。—— 譯者注

[010] 惠更斯(西元 1629 年 -1695 年),荷蘭物理學家、天文學家、數學家。他是介於伽利略與牛頓之間的一位重要的物理先驅,是歷史上最著名的物理學家之一。他在力學、光學、數學和天文學方面都有卓越的成就,是近代自然科學的一位重要開拓者。他建立向心力定律,提出動量守恆原理,並改進了計時器。—— 譯者注

[011] 哈維(西元 1578 年 -1657 年),英國醫生、生理學家、解剖學家和胚胎學家,公認的近代生物學先驅。其《動物心臟和血液運動的解剖學研究》(*Exercitatio Anatomica de Motu Cordis et Sanguinis in Animalibus*)和《動物生殖的研究》(*De Generatione*)兩書,象徵著新的生命科學研究的開始。—— 譯者注

[012] 羅伯特·波以耳(西元 1627 年 -1691 年),愛爾蘭自然哲學家,在化學和物理學研究上都有傑出貢獻。雖然他的化學研究仍然帶有鍊金術色彩,他的《懷疑派化學家》(*The Sceptical Chymist*)一書仍然被視為化學史上的里程碑。—— 譯者注

再促進科學的進步，看來還需要有一種新的工具論。

最早明確地提出這些問題的人是法蘭西斯・培根（Francis Bacon）（西元 1561 年 -1626 年）。他是掌璽大臣 [013] 的兒子，受過法律專業知識的訓練。培根的家庭背景使他順理成章地進入了政界。他 23 歲就進了下議院，後來又成了艾塞克斯伯爵 [014]（Robert Devereux, 2nd Earl of Essex）的顧問。當伯爵因叛逆罪而遭罷黜時，培根站到了王室一邊，儘管他從未得到過伊莉莎白女王的完全信任。但是當西元 1603 年詹姆士一世（James I）繼承王位時，培根的前途變得更有希望了。到西元 1617 年，他已經升到了其父的職位（掌璽大臣），第二年又當上了大法官（兼上院議長），並獲得了維尤拉姆男爵的封號。西元 1620 年，他的政敵指控他在法庭訴訟案中收受賄賂，企圖以此來毀掉他的政治前途。培根沒有為自己進行辯護，就承認了受賄事實，但他解釋說，他所作出的判決從未受過禮品的影響。上議院判他繳納 4 萬英鎊罰金，並根據國王的旨意，將他拘禁在倫敦塔，以後不得再擔任公職或下院議員。這個災難性的判決後來有了鬆動，他被赦免了第一項處罰（罰款），而第二項，也只是關押了他四天。但是要他退出政界的決定卻得到了強制執行，從此他過起了退隱生活，以寫作和做學問為業。

培根對文藝復興傳統有著廣泛的興趣。他創作了法律以及歷史方面的作品，並以隨筆聞名於世，這種文體是不久前由法國的蒙田（Michel

---

[013] 英國國家最高權力的象徵 —— 國璽的掌管人，負責起草、頒發各種政府文件，歷來為政府首席大臣。所有重要的政府法令、條約、議會宣召令、國王賞賜令、委任書、特許狀，均由大法官擬定和頒行，但都必須加蓋國璽才能生效。另外，英國國王還以掌璽大臣為媒介，對整個司法行政事務進行稽核。——譯者注

[014] 艾塞克斯伯爵二世（西元 1567 年 -1601 年），英格蘭軍人和廷臣。19 歲時即為伊莉莎白一世的寵臣。西元 1591 年至 1592 年指揮在法國的英格蘭軍隊，協助亨利四世對天主教徒作戰。西元 1596 年他率領軍隊洗劫西班牙加迪斯港。西元 1599 年任英國駐愛爾蘭代表。他被愛爾蘭叛亂分子打敗，屈膝言和。西元 1600 年被伊莉莎白撤銷了一切職務。西元 1601 年，他率領黨羽進入倫敦城，指望引起叛亂，但很快即被捕，不久就以叛國罪被處死。——譯者注

de Montaigne）（西元 1533 年 -1592 年）發明的。在哲學方面，培根最著名的著作是《學術的進展》（*The Advancement of Learning*）（西元 1605年出版），在這本書裡，培根為自己後來的探索工作搭起了舞臺。正如書名所示，他關心的是擴大知識的範圍和增強人對所處環境的控制力。在宗教問題上，他採納了類似於奧卡姆主義者的觀點，即讓信仰和理性各司其職，互不干擾。理性在宗教領域中的唯一作用，就是從人們基於信仰而接受的原則中演繹出結論。關於科學探索，培根強調必須有一種新的方法或工具來發現真理，以取代顯然已經力不從心的三段論法。他是從自己的新歸納法中看到這一點的。歸納概念本身並不是什麼新鮮事物，亞里斯多德早就運用過它了，但直到今天，用於實踐的歸納形式都只是簡單的舉例。培根認為自己找到了某種更有力的方法。這種方法就是在調查時，把那些具有同一既定屬性，或不具有該屬性，或在不同程度上具有該屬性的事物，逐一列舉出來。透過這種方法，人們就有可能發現該屬性所獨具的特徵。如果這一列表過程能夠完整地走到盡頭，那我們就一定會達到自己的探索目標。不過在實踐中，我們必須滿足於部分列表，然後據此大膽地作出某種推測。

　　簡單地說，這就是培根解釋科學方法的主要方法，他把這種方法看做新的發現工具。下面這篇論文的標題就表現了這種觀點，西元 1620 年，他出版了《新工具論》（*Novum Organum*），旨在取代亞里斯多德的「工具論」。它作為一種實用方法，並沒有被科學家們接受，而作為一種方法論，它也是錯誤的，儘管對傳統理性主義的泛濫來說，它堅持觀察的態度不失為一種有價值的解藥。但是從根本上看，這種新的工具的確從未超出過亞里斯多德的範疇，它只是簡單地依賴於分類法及如下概念：透過足夠細膩的列表，就能找出適用一切事物的正確「分類架」，一旦我們為某個屬性找到了

恰當的位置和名稱，我們就可以認為自己在一定程度上控制了該屬性。

　　對於統計學的探索而言，這種解釋是十分充分的，但是對於假設的系統闡述，培根錯誤地認為它以歸納法為基礎，而歸納法更多涉及的是假設有驗證。事實上，為了進行一系列的觀察，人們必須事先有一個初步假設，但不能對假設的發現也制定一套條條框框。培根完全錯誤地認為能夠找到一種發現工具，透過對它的機械式運用，人們就可以揭示出新的驚人的自然祕密，但是假設的建立根本不能以這種方式來進行。另外，培根低估了演繹論證在科學探索中的作用，尤其是他很不欣賞當時正蓬勃發展的數學方法。歸納法在假設的驗證中的作用只是所需方法的一個很小的方面，如果沒有數學的演繹法從假設中匯出可驗證的具體情況，我們就無從知道需要驗證的是什麼。

　　培根對人類容易犯的各種錯誤作了論述，這些論述成了他哲學中最精彩的部分之一。按他的說法，我們很容易屈從於四類精神缺陷，他稱它們為「幻象」。第一類是「部族的幻象」，由於我們是人，所以會受此約束，妄想就是一例，尤其是不切實際地期望在自然現象中存在著一種更好的秩序。第二類是「洞穴的幻象」，就是每個人自己的怪念頭，這方面的例子比比皆是。第三類是「市場的幻象」，這些錯誤是由受言辭迷惑的心靈傾向引起的，也是哲學中特別普遍的一種錯誤。第四類是「劇院的幻象」，它們源自各種思想體系和學派的錯誤。培根常常舉的一個例子，就是亞里斯多德主義。

　　雖然培根對科學探索很有興趣，但他卻忽視了當時所有重大的科學進步。他沒有關心克卜勒的工作，也不了解哈維醫生在血液循環方面的發現，儘管他還是哈維的病人。

　　一般來說，在哲學上對不列顛經驗主義更有影響的人是湯瑪斯・霍

布斯（Thomas Hobbes）（西元 1588 年 -1679 年）。雖然他的理論某些方面屬於經驗主義，但他也讚賞數學方法，數學把他和伽利略、笛卡兒相連在了一起。由於熟知演繹法在科學探索中的作用，他對科學方法更為徹底和正確的掌握是培根所不及的。

霍布斯早年的家庭生活經歷十分慘痛。他父親是個性情粗野、頭腦糊塗的牧師，當霍布斯還是一個孩子的時候，他就在倫敦失蹤了。所幸的是，他父親的兄弟很有責任感，因自己沒有子女，於是就擔當起了撫養姪兒的重任。霍布斯 14 歲進了牛津大學學習古典知識，經院派的邏輯和亞里斯多德的形上學都在當時的課程範圍內，霍布斯對這類知識產生了深深的厭倦感。西元 1608 年，他做了威廉・卡文迪什（William Cavendish）的家庭教師，後者是德文郡伯爵的兒子。2 年後，他陪同學生作了一次例行豪華旅行。這位年輕的貴族繼承了爵位之後，便成了霍布斯的庇護人。霍布斯透過他結識了當時的許多頂尖人物。在主人去世後，霍布斯曾去巴黎住了一段時間，然後又回來做了先前這位學生的兒子的家庭教師。西元 1634 年，他隨年輕的伯爵訪問了法國和義大利，在巴黎期間，他遇到了梅森（Mersenne）等人。西元 1636 年，他在佛羅倫斯拜訪了伽利略。西元 1637 年，他回到家中，開始撰寫早期的政治理論文章。在即將爆發的保皇黨與共和黨的爭鬥中，他的君權觀點未能博得任何一方的好感。於是生性謹慎的霍布斯於西元 1640 年去了法國，在那裡一直住到西元 1651 年。

在巴黎逗留期間，霍布斯再次與梅森這群人來往，並且邂逅了笛卡兒。起初，他和這些逃離英國的保皇黨流亡者們（包括未來的查理二世〔Charles II〕）互相很友好，但是當他於西元 1651 年出版《利維坦》[015]

---

[015] 在《舊約》和基督教文獻中，「利維坦」象徵罪惡的海中巨獸，霍布斯以之代指「國家」。——譯者注

（*Leviathan*）時，卻與所有人都鬧僵了。保皇黨朋友們不喜歡他對待忠誠問題的那種科學而超然的態度，而法國教士們則厭惡其反天主教的觀點。於是霍布斯決定再度出走，這一次他回到了英國，屈從於克倫威爾（Oliver Cromwell），並退出了政界。也就是在這段時間裡，霍布斯和來自牛津的沃利斯（Wallis）之間，發生了一場「化圓為方」的論戰。霍布斯對數學的尊重超過了他的數學能力，因而沃利斯教授得以輕鬆獲勝。而霍布斯直到生命的最後時刻還在與數學家們爭論不休。

西元 1660 年，查理二世的王權復辟後，霍布斯再次得到了國王的寵幸，甚至還獲得了一百英鎊的年金，不過這項慷慨的贈與一直沒有可靠地兌現。當「瘟疫」和「大火災」發生以後，迷信的流行促使下議院對無神論進行調查，霍布斯的《利維坦》成了反對派批判的一個重點目標，從此他就不能在國內發表任何關於社會或政治問題的有爭議的文章了。霍布斯很長壽，他晚年時在國外贏得的聲譽竟然超越了在國內的。

霍布斯在哲學上奠定的基礎，後來成了不列顛經驗主義學派的一個特徵。他最重要的著作是《利維坦》，在這本書中，他把自己的哲學觀點用到了君權理論的設計上。在轉向社會理論之前，《利維坦》以導論的方式完整地總結了他的一般哲學思想。該書的第一部分用嚴格的機械術語論述了人和人類心理學，還有語言和認識論方面的一些哲學反思。他和伽利略、笛卡兒一樣，也主張我們所體驗的一切都是由外物的機械運動造成的，而視覺、聲音、氣味之類並不屬於客體，而是為我們個人所擁有。在這個問題上，他順便指出，大學裡還在講授基於亞里斯多德的拙劣的發散理論。不過隨後其又閃爍其詞地補充說，自己在整體上並不反對大學，只是因為自己日後要提到大學在共和政體中的作用，所以必須指出大學應該改正的主要缺點，「毫無意義的頻繁演說就是其中之一」。

對於心理學，他持一種聯想主義者的觀點；至於語言，則採取了純粹的唯名論。他還認為幾何學是迄今為止唯一的科學，理性的作用和幾何學中的論證具有相同的特性。我們必須從定義開始，而且在下定義時要謹慎，不要使用自相矛盾的概念：正如笛卡兒堅持的那樣，在這個意義上，理性就是某種透過實踐得來的非天生的特質。接著，霍布斯還用運動來解釋感情，他認為所有的人在自然狀態下都是平等的，都在謀求犧牲別人、保全自己，因此每個人都處於某種戰爭狀態。

　　為了逃避這種使心靈不安的夢魘，人們就聯合起來把自己的權力交給某個權威。這就是《利維坦》第二部分的主題。人類是理性的，也是彼此競爭的，他們不得不達成一種人為的協定，同意服從於共同選擇的某個權威。一旦這種體制得到實施，他們就無權起來反叛，因為協定制約的是被統治者而不是統治者。統治者應該能夠提供保護（這也是他被選中的首要原因），只有在他做不到這一點時，人們才有理由宣布廢止協定。在這種契約的基礎上建立起來的社會就是共和政體，它就像一個由許多普通人組成的巨人，一個「利維坦」，它比個人更大，更強，因此就像一個神靈，儘管它也和普通人一樣會消亡。核心權威被稱為君權，在生活的所有方面都有絕對的權力。

　　《利維坦》第三部分概述了不應存在世界性教會的原因。霍布斯是徹底的伊拉斯圖派教徒，因此主張教會應該是服從民事當局的一個國家機構。該書的第四部分譴責了羅馬教會，因為它未能明白這一點。

　　當時政局的動盪影響了霍布斯的理論。他最厭惡內部的紛爭，因此他的觀點不管怎麼看都是傾向於和平的，這與洛克後來提出的「制衡」概念相對立。他的政治觀點雖然脫離了神祕主義和迷信，卻傾向於把問題過分簡單化。對於自己所處的政治環境來說，霍布斯的國家概念是欠充分的。

前面說過，文藝復興時期逐漸喚起了人們對數學的關注，後期文藝復興思想家們關注的第二個主要問題就是方法的重要性。在談到培根與霍布斯時，我們已經看到了這一點。笛卡兒則以古代哲學家過人的氣魄，將這兩種影響融合成了一種全新的哲學體系，因此他被稱為「近代哲學之父」是十分恰當的。

笛卡兒

　　笛卡兒出生於一個級別較低的貴族家庭，他的父親是布列塔尼地方議會的一名議員。西元 1604-1612 年，笛卡兒在拉夫賴士的耶穌會學院接受了扎實的古典教育，此外，他還受到了當時最好的數學基礎訓練。離開學院後，他去了巴黎，並於次年在普瓦捷 [016] 學習法律，西元 1616 年畢業。然而他的興趣卻在別的領域。西元 1618 年，他應徵召從軍到了荷蘭，因而有大量的時間來從事數學研究。西元 1619 年，「三十年戰爭」終於爆發了，想到外面闖蕩一番的笛卡兒加入了巴伐利亞軍隊。就在那年冬天，他發現了激發自己哲學思想的主導概念。《方法論》（*Discours de la méthode*）一書講述了他的這一經歷。那一天特別寒冷，笛卡兒躲進一間小屋，坐在一個瓦爐旁。在身體稍稍暖和一些後，他開始了沉思。到那天快結束的時候，他的整個哲學的輪廓已經清晰地呈現出來了。西元 1622 年以前，笛卡兒一直待在軍隊裡，隨後又回到了巴黎。第二年他拜訪了義大利，並在那裡住了 2 年。重返法國後，他卻對自己的家庭生活感到非常心煩。由於他性格有點孤僻，加上想在沒有干擾的氛圍中工作，於是他在西元 1628 年去了荷蘭。笛卡兒在臨行前變賣了小部分地產，因而可以過著舒適的獨居生活。除了三次對法國的短暫拜訪之外，他剩下的 21 年時光都是在荷蘭度過的。沿著自己在發現方法過程中所形成的思路，笛卡兒逐漸完成了他的哲學。西元 1633 年，當他聽說伽利略受到了審判，就放棄了一部重要的物理學著作的出版，因為這本書採納了哥白尼的理論。他主要是不想捲入到論戰中去，對他來說，那只會浪費寶貴的時間。而且從各種表面現象來看，他都是一個虔誠的天主教徒，儘管他究竟在多大程度上保持了教義的純潔性永遠也沒人知道。笛卡兒決定只出版三卷本合集。西元 1637 年出版的《方法論》則是他特地

---

[016] 位於法國中部克蘭河畔，是維埃納省的首府。舊城有許多建於中世紀的教堂。 —— 譯者注

為這三篇論文寫的前言，其中最著名的《幾何學》（*La Géométrie*）提出並運用了解析幾何的原理。在西元 1641 年和西元 1644 年，他又先後出版了《沉思錄》（*Meditations on First Philosophy*）和《哲學原理》（*Principia Philosophiae*），這兩本書是獻給巴拉丁的女兒伊莉莎白公主的。西元 1649 年，他還為公主寫了一篇關於靈魂熱情的論文。這一年，瑞典的克里斯蒂娜女王（Drottning Kristina）對笛卡兒的作品產生興趣，並最終勸他到了斯德哥爾摩。這位斯堪地那維亞君王是一位真正的文藝復興人物，她意志堅強、精力充沛，堅持要笛卡兒在清晨 5 點為她講授哲學。在瑞典的冬夜裡，清晨 5 點並不是一個適合哲學家起床的時刻，笛卡兒終於承受不住而病倒了，並於次年的 2 月去世。

說到底，笛卡兒的方法是他喜愛數學的結果。在幾何學領域，他已經表現了這種方法將會怎樣產生深遠的結果。因為藉助於分析方法，人們就可能透過簡單的方程式來描述一切曲線的特徵。笛卡兒相信，在數學領域中的如此成功的方法，也能延伸到別的領域，並使探索者可以像在數學中一樣獲得同樣的確定性。《方法論》旨在告訴我們，為了充分利用我們的理性特質，我們應該遵循什麼樣的規則。至於理性本身，他認為在這方面人人都是平等的，其中的區別僅僅是有的人比另外一些人運用得好一些而已。但方法是某種實踐的產物，笛卡兒清楚地看到了這一點，因而他並不想把某種方法強加給我們，而是想表現他如何成功地運用了自己的理性。書中的說明是自傳式的，它講述了作者早年對存在於一切領域的不確切、無定論說法的不滿足。關於哲學，他說再也沒有什麼令人如此難以容忍卻又為某些人所持有的觀點了。數學以其演繹法的確定性給他留下了深刻印象，但他還是無法搞清楚它的恰當用途。他放棄了書本上的學習，開始外出旅行，卻又發現各種習俗就像哲學家的觀

點一樣差別明顯。最後，他透過審視自我來發現真理。該書接著還記述了前文已提到過的「爐邊反思」。

笛卡兒發現，只有完全由作者自己完成的作品才是滿意的作品，於是他決定捨棄一切他所學過的和被迫信以為真的東西。只有邏輯學、幾何學和代數學在他的這場大掃蕩中得以倖存下來，他還從這些學科中得出了四條規則：（一）除了明晰獨特的理念，絕不接受任何東西。（二）必須根據解決時的需求把每個問題分成若干部分。（三）思考必須按照由簡到繁的順序，如果沒有順序，我們必須假設一個。（四）為了確保沒有任何疏忽，我們應該經常進行徹底的檢查。笛卡兒在將代數應用於幾何問題時，就採取了這一方法，並由此創立了「解析幾何」。至於它在哲學上的應用，笛卡兒認為必須推遲到自己年紀更大一些之後。我們在倫理學上陷入了困境。倫理學雖然被排在科學序列的末尾，但在實際生活中，我們卻必須迅速做出決定。於是笛卡兒採取了一種臨時性的行為模式，按照實用主義標準，這種模式將為他提供最好的生活條件，因此他決定遵守本國的法律和習俗，並且始終保持對宗教的虔誠。一旦決定了採取某個行動，他就會果斷地走下去。最後，他還試圖嚴格地約束自己，不去冒險，要使自己的願望適應萬物的秩序，而不是反過來。從此以後，笛卡兒決定專攻哲學。

在繼續談論形上學時，笛卡兒的方法使自己產生了系統性的懷疑。感官提供的證據是不確定的，因而必定使人產生懷疑。甚至數學也必須受到懷疑，儘管關於它的疑問要少得多，但上帝可能會故意把我們引入歧途。有一個事實懷疑者最終必須承認，那就是他自己的懷疑。這是笛卡兒的基本命題「我思故我在」的基礎。他還認為這是形上學的一個清晰的出發點。笛卡兒由此得出結論說，他自己是一個完全獨立於自然也

獨立於肉體的正在思考的東西。他還進一步論及上帝的存在，不過基本上是重複了本體論證明。從我們自己明確的理念意義上說，既然上帝必然是誠實的，那他就不可能欺騙我們；既然我們擁有各種物體或廣延性的理念，那它們就一定是存在的。接下來，《方法論》概述了物理學問題，其羅列順序和尚未發表的論文中的順序一樣。一切都可以用廣延性和運動的術語來解釋，這個方法甚至應用到了生物學。笛卡兒把血液循環解釋為心臟運動的結果，而心臟則像一個加熱裝置，使流入其中的血液擴散開來。這當然是不符合哈維的觀察結果的，從而引發了兩個人之間的激烈爭論。但在《方法論》中，這種機械式的理論卻推導出了「動物是沒有靈魂的自動化物體」的觀點，之所以這樣說，其依據就是牠們不會說話，因而一定是缺乏理性的。這就使「人的靈魂獨立於肉體」的觀點得到了強化，並且推導出了「靈魂不朽」的結論，因為不存在任何別的破壞力量。最後，《方法論》隱晦地談到了對伽利略的審判，還提到了是否出版的問題。笛卡兒到底找到了一個折中的辦法，就是把《方法論》作為前言，和前面提到三篇論文一起發表。以上就是《方法論》的要義，它為我們呈現了笛卡兒哲學原理的一個簡潔的輪廓。

這一學說最為重要的部分就是批判性懷疑的方法。作為一種方法，它導致了普遍的懷疑，就像後來的休謨一樣。不過笛卡兒卻擺脫了這種懷疑性的結論，因為他在思考中抓住了明確理念。他認為廣延性、運動之類的一般性概念是獨立於感官的，它們是與生俱來的理念，也是關於這些第一屬性的真正的知識。而感官知覺是第二屬性，如色彩、味道、觸覺等，它們並不真的存在於事物當中。笛卡兒在《沉思錄》中舉了一個著名的例子，即透過觀察一根蠟燭及其變化來說明這一點。廣延性是始終不變的，這種與生俱來的理念可以為心靈所感知。

　　笛卡兒哲學強調思考是無可置疑的出發點。從此，歐洲的哲學，無論是理性主義還是經驗主義，都受到了這一觀點的影響。這種觀點的確是正確的，儘管它的基礎「我思故我在」的命題本身並不是十分合理。因為只有在我們承認其中隱藏著一個先決條件，即思考是一種自我意識的過程時，「我思故我在」的說法似乎才能成立；否則，我們同樣可以說「我行故我在」，因為如果我確實在走，那麼我就必定存在。這一異議是由霍布斯和伽桑狄 [017]（Pierre Gassendi）提出的。實際上我在並未行走的時候，當然也可以想像自己在行走；而事實上並沒有想時，我就不能認為自己在思考。正是這種在思考過程中出現的自我參照，賦予了這個命題不容置疑的、明確的特徵。就像後來的休謨那樣，一旦去掉自我意識，這一原理就崩潰了。然而仍舊真實的是，一個人自身的精神體驗所具有的獨特確定性，是別的活動所沒有的。

　　笛卡兒哲學激化了古老的精神與物質的二元論，從而把該理論必須面對的心靈與肉體的關係問題擺在了顯要位置。因為現在物質世界與精神世界似乎互不相干，而只受自身規律的支配。按這種觀點，願望的心理效力更不可能影響物質世界。但笛卡兒自己卻在這裡容許了一個例外，那就是人的靈魂能夠改變生命體的運動方向（儘管不是數量）。然而這個人為的退路與他的整個體系是不一致的，而且也不符合運動規律，因而笛卡兒的追隨者們捨棄了它，轉而主張心靈不能移動肉體。為了解釋兩者的關係，我們必須認為世界就是這樣預先規定的，即某種身體運動無論在何時發生，實際上都同時伴有精神領域的適當意識的發生，但

---

[017] 伽桑狄（西元 1592 年 -1655 年），法國科學家、數學家和哲學家。他使伊壁鳩魯主義復興，以取代亞里斯多德主義，認為世上一切事物都是按一定次序結合起來的原子的總和。在認識方面是感覺論者，其肯定感覺是知識的唯一來源。其社會觀點是「自然權利」，認為國家只是一種分工，是建立在社會契約基礎上的。——譯者注

這種意識與身體運動並沒有直接關聯。這個觀點是笛卡兒的追隨者們，尤其是格令克斯[018]（Geulincx）和馬勒伯朗士[019]（Malebranche）發展起來的。它被稱為「偶因論」，因為它認為正是由於上帝的旨意，物質活動與精神活動才會沿著平行的軌道進行，在這種方式下，其中一個活動總是在另一活動發生的適當時刻發生。為了闡釋這一理論，格令克斯還發明了兩個時鐘的比喻。假如我們有兩個鐘，都走得很準，那麼我們只看一個鐘就行了。當指標指向某個正點時，我們會聽到另一個鐘在報時，這樣，我們就可能傾向於說，是第一個鐘引發了第二個鐘的響聲。心靈和肉體就如同這兩個鐘，上帝為它們上好了發條，它們各自在獨立而平行的軌道上運轉。當然，偶因論也產生了一些棘手的問題，比如由於為了節省時間，我們只看其中一個鐘就行了，因此我們似乎就有可能完全透過參照物質活動來判斷精神活動。

偶因論本身的原理為如此冒險的計畫提供了成功的保障，於是我們就可以僅僅根據物質活動，設計出一整套精神理論來。事實上，這種嘗試是由 18 世紀的唯物論者來進行的，並且得到了 20 世紀行為主義心理學的推廣。這樣一來，偶因論不僅沒有把靈魂從肉體中獨立出來，反而最終使其中之一（靈魂或肉體）成了多餘的。無論採用哪種觀點，都是與基督教原則格格不入的，難怪笛卡兒的著作會在天主教的禁書目錄中找到自己無法逃脫的位置。首先，笛卡兒主義未能始終如一地容納自由意志。最後，無論從物理學還是生物學方面來看，他在解釋物質世界時所提出的嚴格決定論觀點，都極大地促進了十八及十九世紀的唯物主義發展，尤其是當它與牛頓的物理學結合起來的時候。

---

[018] 格令克斯（西元 1624 年 -1669 年），比利時笛卡兒派哲學家。—— 譯者注
[019] 馬勒伯朗士（西元 1638 年 -1715 年），法國笛卡兒派哲學家。發展了笛卡兒的精種物質二元論，使之與天主教神學相容。—— 譯者注

經院派哲學家曾經使用過「實體」一詞，從這一專門術語的含義上來說，笛卡兒的二元論純粹是用某種習慣方式處理實體問題的結果。實體是各種屬性的載體，但實體本身又是獨立和永恆的。笛卡兒了解到，物質與精神是兩種不同的自給的實體，並且無法以任何方式相互影響，於是他採用了偶因論者的方法，以此來彌合兩者之間的差別。但是很顯然，如果我們承認了這樣的原理，那我們就沒有理由不盡可能地依賴於它。比如，人們可以把每個心靈都當做它自己的一個實體。朝著這一方向發展下去，萊布尼茲在「單子論」中提出了無限多實體的理論，並指出這些實體是獨立的，但又是協調的。另一方面，人們也可以追溯到巴門尼德的觀點中去，即認為只有一種實體。史賓諾沙接受了後一種觀點，他的理論可能是迄今為止最連貫、最不妥協的一元論。史賓諾沙出生於阿姆斯特丹的一個猶太人家庭。據說他的祖先為了尋找一個能夠按照自己的方式來敬神的地方，不得不捨棄原本在葡萄牙的家園，因為自從穆斯林被趕出西班牙和葡萄牙之後，宗教裁判所就不再容許異教的存在，這至少使得非基督徒的生活不大好過了。而正在與西班牙暴政對抗的荷蘭則經歷了宗教改革，為這些受迫害的人提供了避難之地，阿姆斯特丹因此成了猶太社團的新家園。正是在這裡，史賓諾沙接受了早年的教育。然而對於他活躍的頭腦來說，這些傳統的學習太簡單了。藉助於拉丁文，他熟讀了一些思想家的著作，這些思想家曾經推動了學術的復興，而且正在發展新的科學和哲學。讓猶太社群極為尷尬的是，史賓諾沙竟然很快就發覺自己不可能再留在正統範圍之內了：改良宗教的神學家們堅持走自己的路，毫不妥協；正統派則認為對宗教的任何激烈批判，都將破壞當時盛行於荷蘭的寬容氣氛。最後，他們用盡了《聖經》裡所有的詛咒，將史賓諾沙趕出了猶太教堂。

從此，生性內向的史賓諾沙就完全隱遁起來，在由朋友組成的小圈子裡過著平靜的生活。他以打磨鏡子為生，並沉浸在哲學沉思之中。儘管過著一種隱居生活，但他的名聲卻迅速地傳開了。後來他與一些有影響力的崇拜者保持了書信聯絡，其中最重要的一位就是萊布尼茲，據說他們相識於海牙。但史賓諾沙從沒有答應過復出。西元 1673 年，巴拉丁選帝侯提出讓他擔任海德堡大學的哲學教授，被他婉言謝絕。之所以謝絕這一榮譽，他自有充分的理由。他說：「如果我專門去教授年輕人哲學的話，那麼我就得中止對哲學的進一步研究。何況，我也不知道應該把哲學探討的自由控制在什麼範圍之內，而不至於讓人留下試圖推翻現有宗教的印象……所以希望您能夠理解，我並不指望交上什麼好運。不過我放棄講學的原因，僅僅是由於珍惜寧靜的生活。要過這種生活，我想最好還是維持現狀吧。」

　　史賓諾沙不是一位多產作家，但他的作品卻展示了罕見的專注性和邏輯嚴密性。他對上帝和宗教的觀點是如此超前，以至於他在世時和死後 100 年裡都被咒罵為邪惡的怪物，儘管他的倫理觀念很受推崇。史賓諾沙最傑出的作品是《倫理學》（*Ethics*），這本爆炸性的書在他死後才得以出版。在政治理論上，他與霍布斯有許多共同之處，不過前者的立足點是截然不同的，儘管在相當程度上，他們都認為一個健全合理的社會應該具備某些特徵。霍布斯採用了經驗主義的方式來確立自己的解釋，而史賓諾沙則從自己的一般形上學的理論中推演出了結論。實際上，如果我們想了解史賓諾沙論證的力量，就必須把他的全部哲學著作當成一整篇長論文，以便從整體上掌握，部分原因是由於和經驗主義哲學家的政論文相比，史賓諾沙的作品不容易讓人留下直觀的印象。但我們應該記住，他所討論的都是當時十分活躍和現實的問題。與 19 世紀相

比，自由在當時的政體中的重要作用還沒有得到普遍的認同。

史賓諾沙是思想自由的熱心辯護人，這正是他和霍布斯不同的地方。的確，從他的形上學和倫理學中，可以推導出這樣的結論，即只有在思想自由的情況下，國家才能正常運轉。他在《神學政治論》（Trac-tatus Theologico-Politicus）中著重論述了這一點。這本書不同尋常的地方是，它透過批判《聖經》的間接方式討論了這些話題。在這裡，史賓諾沙主要針對《舊約》提出了批判，200年後，這個批判又變成了所謂的「高級批判」。他首先考察了《舊約》中的歷史事例，並且以此證明說，思想自由是社會存在的根本。在這個問題上，我們發現他的結論中有一種獨特的反思。「但是我必須承認，思想自由有時也可能導致某些麻煩。但誰又能建立起完全沒有副作用的東西呢？那些希望以規則支配萬物的人，將會引發更多的缺陷而不是減少它們。無法禁止的東西必然要得到容許，即使有時它們會導致危害。」

史賓諾沙並不認為民主制就是最合理的社會秩序，這也是與霍布斯不同的一點。最合理的政府應該在合理的地方釋出合理的政令，還應該在信仰和教誨問題上持迴避態度。當一個負責政治的特權階級建立在所有權基礎之上時，民主就會出現。史賓諾沙認為，在這樣的政府治理下，人們就會有最多的機會去發揮自己的知識潛力。從他的形上學觀點來看，這也是人類本性所追求的目標。至於什麼樣的政府才算最好的問題，如果一個貿易社會（其活動取決於一定程度的自由和安全保障）能夠有最好的機會來確定自由規則的話，那麼這種社會的政府就是最好的政府。史賓諾沙以他的祖國荷蘭為例，闡述了自己的觀點。

按照史賓諾沙體系發表的時間順序，現在才輪到了《倫理學》，儘管按邏輯順序應該最先了解它。《倫理學》的書名容易使人產生誤會，以為

它所有的內容都是倫理學的，事實上，我們首先看到的是史賓諾沙的形上學，它隱含著對自然進行科學考察的理性主義藍圖。在 17 世紀，它曾經是最重要的智慧問題之一。該書接下來還闡述了心靈、意志心理學、熱情心理學以及基於上述各項的倫理學理論。全書的結構按照歐幾里得的方式，從定義、公理及其全部證據、推論和解釋入手，從中推導出全部命題。這種哲學探討的方式在今天已經不流行了。對於那些只熱衷於時尚新書而不管其中有沒有長處的人來說，史賓諾沙體系確實有些陌生而古怪。不過其體系的設定似乎並不特別讓人無法忍受，而且就其正確性而言，《倫理學》也仍然堪稱一部簡潔清楚的論證傑作。

《倫理學》的第一部分涉及了上帝。它提出了六個定義，其中包括與經院哲學傳統用法相同的實體定義和上帝定義。書中的公理陳述了七個基本假設，但沒有作進一步的證明。再往下，我們只是看到了一些推論，就像歐幾里得的作品一樣。從史賓諾沙給實體下定義的方式來看，似乎實體必然是某種完全可以進行自我解釋的東西。實體必定是無限的，否則它的局限性就會給自身帶來某些影響，而且最終變成世界的總實體只能是一個，它還能與上帝重合一致。因此，上帝和宇宙（萬物的總和）是同一的。這就是著名的史賓諾沙泛神論。應該強調的是，史賓諾沙的解釋並沒有神祕主義色彩，整個過程完全是按照演繹邏輯的方式來進行的，而且建立在一組定義和公理的基礎上，這些定義和公理展現了他驚人的獨創性。史賓諾沙體系也許是哲學史上最傑出的體系結構典範。

把上帝等同於自然的觀點，引起了所有陣營中正統派的極端反感，而它卻是一項簡單演繹論證的結果。就其本身而言，它是十分合理的，如果說它傷害了某些人所珍視的信仰的話，這只能說明邏輯對任何情感

都是一視同仁的。如果按照傳統方式來定義上帝和實體，卻一無所獲的話，那麼人們就不得不接受史賓諾沙的結論，這樣一來，人們就完全可能逐漸了解到，這些術語具有某種獨特的性質。按照這一理論，史賓諾沙把人類自身的智慧看做上帝智慧的一部分。和笛卡兒一樣，他也堅持明確性，他說：「謬誤的原因在於缺乏足夠的領悟力和洞察力，而讓殘缺混淆的理念摻雜其中。」一旦我們有了充分的理念，我們就必然會像掌握理念的秩序和關聯一樣，逐漸掌握住事物的秩序和關聯。心靈的本質在於探詢事物的必然性，而不是偶然性。我們在這方面做得越好，就越接近於和上帝（或世界）同一。正是在這種意義上，史賓諾沙說出了如下名言：心靈的本質在於以某種無始無終的觀點來領悟事物。這確實是心靈把事物看做必然這一事實的推論。

《倫理學》的第三部分揭示了熱情是如何妨礙心靈的，從而使心靈不能全面理智地認識宇宙。支配我們一切行動的動力就是自我保存。人們可能會認為，這種純粹的利己原則會把我們全都罵成追逐私利的犬儒主義者，但這種看法是完全錯誤的。因為一個人在尋求自身利益的過程中，遲早會渴望與上帝統一起來，如果達到了這個境界，他就更能以「永恆的形式」來看待事物，這種「永恆的形式」，就是上面所說的「無始無終的觀點」。

《倫理學》的最後兩個部分才真正講到了史賓諾沙的倫理學。一個人只要受到了外部影響和原因的制約，那麼他就處於某種奴隸狀態。的確，對一切有限的事物來說，也同樣如此。但只要能與上帝保持一致，我們就不再受這些影響的制約，因為宇宙作為整體是不受制約的。所以，人們可以透過越來越協調於整體宇宙，來獲得相應程度的自由。由於自由意味著獨立自主，而只有上帝才享有完全的自由。透過這種方

式，我們就能夠擺脫恐懼。像蘇格拉底、柏拉圖一樣，史賓諾沙也認為無知是萬惡之源，而知識則有助於人們採取明智、恰當的行動。

和蘇格拉底不同的是，史賓諾沙並不考慮死亡問題。「一個自由的人從不考慮死亡問題，他的智慧是對生命，而不是對死亡的思考。」既然罪惡是否定的，那麼上帝或自然作為一個包羅一切的整體，就不可能是罪惡的。在這個唯一可能的世界上，一切事物都在追求極致。在實際事務中，為了獲得與宇宙的最大限度的溝通，人就應該按照自我保存的方式來行動。

以上就是史賓諾沙體系的一個大致輪廓，它對於 17 世紀科學運動的重要意義，就在於它採用同一標準的決定論解釋了宇宙萬物。事實上，這一體系也是日後用來詳盡闡述一元化科學大全的綱要。如果不是從嚴格意義上看，這種嘗試現在就不能被認為是合理的嘗試。同樣，在倫理上，我們也不能承認邪惡純粹是消極的東西，比如，任何無法無天的殘酷行為都是整體世界的一個積極而永恆的缺點，基督教在原罪論中所暗示的可能就是這一點。史賓諾沙的答案必將是：在永恆的方式下，沒有永遠無法無天的殘酷。但是這種觀點不大容易確立起來。不管怎麼說，史賓諾沙體系仍然是西方哲學的一座豐碑，儘管它的嚴肅風格有點《舊約》的色彩，但它仍然是一種偉大的嘗試，因為它以古希臘人的宏偉氣魄向我們指出，世界是一個可理喻的整體。

前面說過，實體問題的確能推導出完全不同的解決方法。假如說史賓諾沙堅持的是極端一元論，那麼萊布尼茲的答案則走向了另一個極端，即假設實體的數量無窮多。從某種角度看，這兩種理論之間的關係就像巴門尼德學說與原子論的關係一樣，儘管這種類比不完全貼切。歸根到底，萊布尼茲的理論是以如下反思為基礎的：單個實體不可能具有

廣延性，因為這將導致多樣化，而且只能描繪出某一組實體的特徵。於是他推斷說，實體是無窮多的，每個實體都是非廣延的，因此也是非物質的。他稱這些實體為「單子」，從這個詞的普遍含義來看，「單子」具有靈魂的基本特徵。萊布尼茲（西元 1646 年 -1716 年）生於萊比錫，其父是大學教授。他很小的時候就顯示出活躍的批判性才華。他 15 歲進入大學學習哲學，2 年後畢業，又到耶拿攻讀法律。20 歲時，他申請了萊比錫大學的法律博士學位，由於年齡太小而遭到了拒絕。阿爾杜夫大學則比較寬容，不僅授予他學位，而且還給了他教授的職位。不過另有打算的萊布尼茲並沒有接受這一職位。西元 1667 年，他在美因茲大主教手下從事外交工作，後者不僅是選帝侯之一，而且是一位活躍的政治家，他決心在「三十年戰爭」的大破壞中重振破碎的帝國，而第一步就是必須阻止法國路易十四（Louis XIV）的入侵。

　　西元 1672 年，萊布尼茲帶著這一目的來到了巴黎，並在那裡待了將近 4 年。他的計畫是去勸說太陽王[020] 出兵鎮壓異教徒並入侵埃及。儘管未能完成任務，但在此期間，萊布尼茲遇到了許多那個時代重要的哲學家和科學家。馬勒伯朗士[021] 當時正是巴黎的活躍人物，還有一些人，如巴斯加之後的楊森主義的主要代表人物阿爾諾[022]（Arnauld），當時也譽滿巴黎。同時，萊布尼茲還結識了荷蘭物理學家惠更斯。西元 1673 年，

---

[020] 指法國國王路易十四（西元 1638 年 -1715 年），西元 1643 年即位，西元 1661 年親政，自稱「朕即國家」，使法國封建專制達到巔峰。他多次發動對外戰爭，導致國庫空虛，統治開始衰落。── 譯者注

[021] 尼古拉·馬勒伯朗士（西元 1638 年 -1715 年），法國哲學家，法蘭西科學院院士，法國天主教會的神甫和神學家，17 世紀笛卡兒學派的代表人物。他從唯心主義方面發展了笛卡兒的學說，認為除物質和精神兩種實體外，還存在上帝實體。他還認為，自然界除一般法則外，還存在大量由各種機緣產生的因果連鎖。他對於光和色的性質、微積分學和幻想心理也有研究。── 譯者注

[022] 楊森主義由荷蘭人康內留斯·楊森（Cornelius Jansenius）（西元 1585 年 -1638 年）創立，其理論強調原罪、人類的全然敗壞、恩典的必要性和宿命論。阿爾諾（西元 1612 年 -1694 年），法國神學家，傳布楊森主義，反對耶穌會。　　── 譯者注

他去了倫敦，遇到了化學家波以耳和奧爾登伯格（Oldenburg）（新創立的皇家學會的祕書，萊布尼茲後來也加入了該學會）。在這一年裡，他的雇主美因茲大主教去世了，布倫斯威克公爵正好在漢諾威需要一點陣圖書館管理員，提議讓萊布尼茲負責這一工作。萊布尼茲並沒有立即接受，而是依舊待在國外。西元 1675 年，他開始在巴黎研究微積分，這項工作牛頓雖然做得稍早一些，但萊布尼茲是獨立發現這一方法的。西元 1684 年，萊布尼茲在《學問記述》（*Acta Eruditorum*）上發表了他的觀點，該觀點比牛頓的流數理論更接近現代形式，而牛頓的《自然哲學的數學原理》3 年之後才問世。緊隨其後的是一場長期的無聊爭論，人們沒有正視其中的科學問題，而是根據國家立場來決定支持誰。結果，英國在數學方面落後了一個世紀，因為法國人所採用的萊布尼茲數學標記法是一種更加靈活的分析方法。西元 1676 年，萊布尼茲在海牙拜訪了史賓諾沙，然後到漢諾威負責圖書館工作，直到去世。他用了大量的時間來編輯布倫斯威克（Braunschweig-Lüneburg）的歷史，其餘的時間則用來進行科學及哲學研究。此外，他還進一步設計了歐洲政局的改革方案。他曾試圖彌合龐大的宗教分歧，但沒有人注意他的方案。西元 1714 年，當漢諾威的喬治（George I）當上英格蘭國王時，沒有邀請萊布尼茲隨皇室前往倫敦，這無疑是他的微積分爭論所造成的不幸後果。他心情沮喪地留在了漢諾威，並遭到了人們的冷落，2 年後就去世了。

要討論萊布尼茲的哲學不大容易。一則他的大部分作品都是不完整的片段，經常忘了及時修改那些導致輕微矛盾的地方。這主要歸咎於萊布尼茲的生活環境，因為他的哲學寫作很少能在悠閒的時間裡完成，因而很容易被延遲和中斷。而另一個有趣的原因使得萊布尼茲的作品有時令人費解，這就是其哲學的兩重性。一方面，他根據單子論提出了實體

的形上學觀；而另一方面，他又提出了一種邏輯理論，這一理論在很多
方面與他的形上學思辨很相似。對我們來說，他的邏輯觀點也許比形上
學更重要，但萊布尼茲本人卻顯然對這兩個方面都同樣重視。的確，對
他來說，從一個領域轉到另一個領域並不難。現在，多數英國哲學家都
開始懷疑這一觀點；儘管「語言與邏輯總能自給」這一概念本身就是一
種有缺陷的形上學觀。我們必須注意到以下這一點，那就是萊布尼茲的
形上學吸納了當時科學發展的一些主導特徵。他的形上學著作在其在世
時就出版了，其中就有單子論，這一理論為他贏得了大約兩個世紀之久
的哲學聲譽。而他的邏輯著作直到 20 世紀初才得以出版，並獲得恰當的
評價。前面說過，萊布尼茲在形上學理論中，透過單子論對實體問題做
出了回答。和史賓諾沙一樣，他也堅持實體不能相互影響的觀點。這就
立即匯出了一個結論，即任何兩個單子之間都不能夠產生因果關係。的
確，單子之間不可能有任何形式的真實關聯。具體點說，單子是沒有窗
戶的。這難道與各方都認可的宇宙的各個不同部分似乎有因果關係的事
實合拍嗎？格令克斯的兩個時鐘理論給了我們答案。對於這個理論，我
們只要將其擴展為一個無窮數，就能獲得既定的和諧理論。照此理論，
每個單子在下述意義上反映整個宇宙：上帝決定所有事情，一切單子都
在由設計巧妙的平行軌道組成的一個龐大體系中，獨立地沿各自軌道
前行。

　　每個單子是一個實體，它們不僅代表不同的觀點．還在本質上有一
定的差異。嚴格來說，我們不應說其有不同的位置，因為它們並非時空
的存在物。空間和時間同是感覺現象，而這些現象並不真實，其背後各
有不同觀點的單子布局。每個單子都以稍微不同的方式反映宇宙，任何
兩個都不完全相同。若兩個單子完全相同，那麼實際上它們正好是一

個。這就是萊布尼茲的「不可辨別的事物的同一性原理」的要旨所在。這樣不嚴格說的話，那種認為兩個單子只能在位置上存在差別的看法，是完全無意義的。

在一切單子都不相同的情況下，我們可以按照其反映世界的清晰度，將其按一定順序排列。每種物體由一群單子組成，人體的各種組織也是一樣，但此處有一個最有力的單子，由於它的視覺清晰度而變得明顯。這個特殊的單子就是人們常稱之為靈魂的事物，儘管從廣義上講，一切單子都是靈魂，都是非物質的、不可破壞的，是不朽的。這個最有力的單子（或靈魂）之所以能突顯出來，不僅在於它在感覺上的清晰度更高，關鍵因為它抱有此種目的，為達到這個目的，其部下就按其既定的和諧方式來踐行。世間任一事物的發生都有足夠的理由，不過自由意志也還是會被考慮進去的，即一個人所據以行動的種種理由，並嚴格受制於邏輯的必然性。上帝同樣享有此種自由，儘管他對邏輯的定律不能任意違反。這種自由意志論，使萊布尼茲在史賓諾沙可能引人反感的地方為人所接受；對用單子所進行的系統敘述而言，多少帶有點永恆性，而事實上又有差異，這將在後文論述。

對於上帝存在這一常論不衰的話題，萊布尼茲全面展示了我們業已遇到的各種主要的形上學論證。在四種論證之中，第一是安瑟莫的本體論論證；第二是亞里斯多德書中的一種從第一推動力出發的論證形式；第三是從必要的真理出發的論證，據說不知為何它會需要一顆神性的心來寄託自身的存在；第四是從設計出發的論證。上述這些，在別處我們都已討論過，並已指出其弱點所在。康德乾脆對這類形上學證明的可能性來了一個整體否定。

至於神學，我們應該記住的是，形上學的上帝是對萬物本性理論所

做的最後潤色，它並不能激發感情，和《聖經》裡的上帝也毫無關係。除了新多瑪斯主義者，從整體上看，神學家們已經不再依賴傳統哲學的神性實體了。

　　藉助於顯微鏡得出的新研究結果，在一定程度上啟發了萊布尼茲的形上學。當時，雷文霍克[023]（Antoni van Leeuwenhoek）已經發現了精子，也有人證明了一滴水裡充滿了微小的生命體。這的確是一個完整的世界，只不過比我們的日常世界規模小些罷了。正是由於這一類思考，萊布尼茲提出了單子概念，並把它作為終極的、非廣延的形上學「靈魂點」。微積分似乎也是在同一方向上發展起來的。在這裡，萊布尼茲覺得重要的是這些終極成分的有機性質，他在這方面擺脫了伽利略和笛卡兒所發展的機械論觀點。儘管這樣做也遇到了一些難題，但卻使萊布尼茲發現了一種早期形式的能量守恆定律以及最小作用原理。從整體上說，物理學的發展所遵循的還是伽利略和笛卡兒的原則。

　　不管萊布尼茲的邏輯學和形上學之間有著什麼樣的關聯，有一點是可以肯定的，即前者提供了大量的暗示，至少使得後者更容易理解。我們先看一看萊布尼茲是如何接受亞里斯多德的主謂邏輯的。有兩條一般邏輯原理被吸納為基本公理，第一條是矛盾原理，即兩個相互矛盾的命題中必有一個是真，一個是假；第二條是前面提到過的充分理由原理，即一種給定的事態在成立之前要有充分的先決理由。我們從萊布尼茲的角度，用這兩條原理來分析命題，如「所有的金屬硬幣都是金屬的」，那麼我們就能夠從矛盾原理中看出，所有這類命題都是真的，而充分理

---

[023] 雷文霍克（西元 1632 年-1723 年），荷蘭顯微鏡學家、微生物學的開拓者。由於勤奮及本人特有的天賦，他磨製的透鏡遠遠超過同時代人。他磨製透鏡的材料有玻璃、寶石、鑽石等。其一生磨製了 400 多個透鏡，有一架簡單的透鏡，其放大率竟達 270 倍。他是首次發現微生物並最早記錄肌纖維和微血管中的血流的人。 —— 譯者注

由原理則匯出了這樣的觀點：一切有充分依據的真命題都是分析命題，儘管只有上帝才能這樣理解它們。對人的心靈來說，這類真理全都是偶然的。正如在史賓諾沙那裡所看到的一樣，我們在這裡也看到了在理想科學方案上的某種努力。由於科學家們為了建立理論，就要去掌握住偶然的事物，再把它作為其他事物的後果呈現出來，從而使這種偶然具有必然的意義。只有上帝才掌握著完美的科學，因而他能根據必然性洞悉一切。

　　實體互不作用是以下事實的一個結果：每一個邏輯主語的生命史都已經包含在它自己的概念之中。這也源於另一個事實，即它的生命史既符合自身，也符合所有真命題的分析性。因此，我們必須承認預定的和諧。但這種解釋本身如同史賓諾沙的理論一樣，是嚴格的決定論，前文所闡釋的自由意志在其中也找不到自己的位置。至於上帝及其創世，史賓諾沙認為上帝出於仁慈而創造了盡可能好的世界。但是他關於這一主題的另一個理論卻絲毫沒有提及上帝與創世。這種觀點似乎是受了亞里斯多德「圓極論」或「盡力將潛在性變為現實性」理論的啟發。那個在任何時刻都呈現出最大現實性的世界最終是存在的，但必須記住，並非所有的潛在性都能夠同時變成現實。

　　如果不是因為嚴格堅持主謂邏輯，也許萊布尼茲已經發表了數理邏輯的一些嘗試性見解，從而使這一研究主題得以提前一個世紀出現。他還覺得應該有可能發明一種完美的、能以計算代替思考的通用符號語言。雖然有了電腦，但這種想法還是有點急。不過他預見了邏輯領域越來越常見的東西。而完美的語言只不過是另一種表述方式而已，亦即希望人們能夠逐漸掌握關於上帝的完美科學。

　　對明晰理念的執著以及對完美通用語言的探索，都是笛卡兒傳統哲

學的主要理性主義工作。在一定程度上，這也和前文所提到的科學目標相一致。同時，我們在這裡找到了一條可以走下去的道路。當萊布尼茲暗示只有上帝才掌握著完美的科學時，他至少已經隱約了解到了這一點。偉大的義大利哲學家詹巴蒂斯塔‧維柯[024]（Giambattista Vico）在其作品中更激烈地批判了理性主義思考方式。萊布尼茲的觀點被包括維柯在內的每一個敬畏上帝的基督徒所接受，並使這位義大利哲學家建立了一種新的認識論原理。上帝之所以掌握了關於世界的完善知識，是因為他創造了世界，而作為被創造的人則不能完善地認識世界。對於維柯來說，認識某一事物的前提條件就是創造了該事物。該原理的基本表述就是，我們只能認識自己能夠創造的東西。如果按照「事實」一詞的原意來理解，那麼我們也可以說真理就是事實。

事實上，維柯在世時和死後的 50 年裡並不出名。他出生在拿坡里，是一位小書商的兒子。他 31 歲時當上了拿坡里大學的修辭學教授，並始終擔任這個不怎麼顯要的職務，直到西元 1741 年退休。維柯一生清貧，為了養家餬口，他不得不去做家庭教師和為貴族做些臨時性的文字工作，以貼補微薄薪水的不足。他之所以不為同時代人所知曉，也從未交上好運，遇到或以書信方式結識到一位和自己分量相當的思想家，其中部分原因就是他的文風晦澀難懂。

「真理即行為」的理論產生了許多極為重要的結果。首先，它為數學真理的明確性提供了一個理由。因為人正是按照抽象、隨意的方式，創立了數學科學的各種法則，而我們之所以能夠理解數學，就是因為我

---

[024] 詹巴蒂斯塔‧維柯（西元 1668 年 -1744 年），義大利著名的法學家、歷史學家、語言修辭學家。其淵博的知識與敏銳的洞察力使維柯成為繼布魯諾和伽利略之後啟蒙運動的領袖。作為「歷史哲學之父」及「文化哲學之父」，他在歷史上率先對古典自然法進行歷史性實證批判。——譯者注

們創造了它。維柯還認為數學並不像理性主義者以為的那樣，能使我們增加自然知識，因為數學是抽象的（這裡說的抽象並不是指從經驗中提取，而是指脫離自然、人為的某種隨意性構造）。上帝創造了自然，因此只有他才能完全了解自然。如果人想掌握一些關於自然的知識，那麼就應該採取實驗與觀察的經驗性方法，而不是這麼多的數學方法。維柯更贊同培根，而不是笛卡兒。應該承認，維柯在告誡人們不要使用數學方法時，他並沒有看到數學在科學研究中的作用。同時還應該指出的是，這裡面也含有反對隨心所欲地進行數學思辨的告誡，這種思辨有時會冒充經驗主義研究。而處於這兩個極端之間的正確方法，我們已經提到過。

數學之所以具有明確性，是因為人們從事或創立了數學，這一理論影響了後來的許多人，儘管他們可能並不同意維柯的如下觀點：數學是任意的。我們也許有必要在此提到馬克思主義作家索萊爾（Sorel）的觀點以及戈布魯特和邁爾森所作的解釋，他們都主張數學有著功利主義和實用主義的本質。而另一方面，形式論者卻接受了任意性概念，他們把數學看做某種精心設計的遊戲。當然，要全面地陳述維柯的直接影響，將是一件困難的事。我們知道，馬克思（Karl Marx）和索萊爾曾經研究過維柯的著作。然而理念常常以某種微妙的方式為人所感知，它們的這種影響是潛移默化的。儘管維柯的著作並沒有廣為流傳，但卻包含了 19 世紀許多哲學發展的萌芽。

維柯原理的另一個主要產物就是他的歷史學理論。他認為，由於數學是人為的，所以是完全可知的，但它並沒有反映現實；自然是上帝創造的，因此不為人所全知，但它卻反映了現實。直到今天，在那些把純數學看做是一種構造的地方，這一悖論仍然有生命力。維柯試圖找到一

種既可全知，又能反映現實的「新科學」。結果他在歷史學中找到了，他認為人可以和上帝合作，這一驚人的觀點顛覆了傳統觀念，因為笛卡兒派早就把歷史學當做非科學的東西而取締了。在 19 世紀，德國哲學家狄爾泰[025]（Wilhelm Dilthey）、社會學家馬克斯·韋伯[026]（Max Weber）和桑巴特[027]（Werner Sombart），再次提出了社會本來就比惰性物質更可知的觀點。

在多次再版的《新科學》（The New Science）一書中，維柯十分完整地闡述了這個新的假設。對於現在的讀者來說，這本書裡有一些閱讀障礙，因為它混雜了各式各樣的內容，始終沒有恰當地加以區分。除哲學問題外，作者還討論了經驗主義問題以及明確的歷史問題，然而他所探索的各個組成部分並不容易解決。誠然，維柯自己有時候似乎也沒有意識到他正從一個問題陷入另一個問題。儘管文風晦澀，又有這樣的缺陷，《新科學》一書還是提出了一個十分重要的理論。

假如把真理等同於所做的事，或事實，這將意味著什麼呢？在進一步考察之後，我們發現，這個不太正統的原理在認識論問題上，產生了一些十分合理的推論。因為行為的確有助於我們提高認識，明智地採取某些行動無疑會加強人們對這一問題的理解。顯然，這種現象在人類的行動或嘗試中，發生得最為自然和常見。對音樂的理解就是一個很好的例子，要徹底弄明白一首樂曲，光聽是不夠的，我們還必須透過讀譜或

---

[025] 狄爾泰（西元 1833 年 -1911 年），德國哲學家、歷史學家、心理學家、社會學家。倡導歷史相對主義，指出哲學的中心是生命，而文化和歷史是生命的展現。—— 譯者注

[026] 馬克斯·韋伯（西元 1864 年 -1920 年），德國著名經濟學家、社會學家和哲學家。其提出社會學是一門以人的生命活動的意義和目的為研究對象的科學。他還在西方古典管理理論的確立方面卓有貢獻。—— 譯者注

[027] 桑巴特（西元 1863 年 -1941 年），德國經濟學家，德國社會學知名代表人物。其主張社會經濟制度由經濟意識、形式和技術構成，強調精神的決定作用。此外，他還將資本主義的崛起歸功於猶太教的影響。—— 譯者注

演奏，把這首樂曲按原樣再現出來，儘管做得相對不那麼專業。問題的關鍵在於，專業技巧正是透過這種方式逐步獲得的。而科學探索也是如此，透過研究材料而獲得的主動知識，要比純粹的外部抽象知識更能使人牢固地掌握現實。正如後文所提及的那樣，這一觀點為皮爾士[028]（Charles Peirce）的實用主義哲學奠定了基礎。不管怎麼說，這裡並沒有任何晦澀的東西，人們根據一般常識已經在「實踐創造完美」這句格言中看到了這一點。因此，單純學習數學定理是不夠的，人們還應該把自己的理論資源運用到各種具體的問題中去。這並不是鼓勵功利主義，而拋棄超然、公正的研究，相反，對於概念的正確理解正要透過行動來實現。從表面上看，這種觀點有點像普羅達哥拉斯的實用主義學說，但維柯並沒有完全從詭辯家的意義上使人成為萬物的尺度，他所強調的是認識過程中能動的、不誇大的再造性因素，這完全不同於把每個人的見聞都看做終極標準的做法。強調能動性，是與理性主義者提出的明晰理念根本對立的。

理性主義把想像當做混亂的根源而盡力迴避，維柯卻正相反，他強調了想像在發現過程中的作用。他可能認為，在概念形成之前，我們會根據某種十分模糊而定義不明的情形來思考。這個觀點並不是完全令人滿意的，因為無論思考過程有多模糊，我們都很難看出它怎樣才算缺乏概念性內容。也許，不如這樣說，原始思考是以影像和隱喻來進行的，而概念性思考則是最終的複雜階段。這一切中包含著一個有價值的線索，就是理性主義者的解釋把科學當做一件製成品，並按照講解的次序來陳列。而維柯作品中隱含的解釋則表示，科學正在形成之中，而且

---

[028] 查爾斯·皮爾士（西元 1839 年 -1914 年），美國哲學家、邏輯學家、自然科學家，實用主義的創始人。——譯者注

以發明的先後為序。不過維柯並沒有對這裡面的大部分內容作清晰的陳述。

　　至於人所創造的歷史，維柯認為可以達到最大限度的明確性，他感到歷史學家有可能揭示歷史程序的普遍規律，並且根據這些規律來解釋事情為什麼會發生，為什麼將會按照預見的方式繼續下去。維柯並沒有說每個細節都可以按機械化的方式進行預測，而是說大致輪廓一般說來是可知的。在他看來，人的事業有高峰和谷底，就像潮漲潮落一樣，人類的命運也是如此循環往復。前面提到過，循環理論最早見於前蘇格拉底時期的原始資料。但維柯如同劇作家和演員，透過在人的心靈中探詢歷史重演的形式，從一個新的角度認識了這些古老的概念。

　　因此，維柯的理論不是對過去的回顧，而是對黑格爾歷史論的展望。同時，這種對待歷史問題的態度，也比理性主義者更適合歷史的經驗主義研究。所以，由霍布斯及後來的盧梭（Jean-Jacques Rousseau）闡述的社會契約論[029]是一種典型的理性主義的曲解，幾乎可以說，那是一種按照機械化的數學方式得出的社會理論。而維柯的理論則允許把社會組織視為人類自然而循序漸進地成長的結果，人類透過自身所累積的傳統，逐漸建立起了集體生活的各種形式。另一方面，社會契約論卻假定人們突然發覺自己是理性的，並且懂得為自己打算，於是他們透過合理的決定，採取了一次行動，使一個新社會一下子冒了出來。

　　普遍符合於社會的事物，也同樣符合於具體語言。人們在共同的活動中不得不互相傳達訊息時，語言就產生了。語言的原始形式包括各種

---

[029] 法國思想家尚·雅克·盧梭在其著作《社會契約論》（*Du contrat social ou Principes du droit politique*）中提出的社會理論。主要闡述「主權在民」思想，是現代民主制度的基石，深刻影響了逐步廢除歐洲君主絕對權力的運動，以及18世紀末的北美獨立抗爭。美國的《獨立宣言》和法國的《人權宣言》及兩國的憲法均展現了《社會契約論》的民主思想。—— 譯者注

手勢和象徵性動作。當語言開始變成聲音時，它的符號就不再與其對象發生直接的自然連結，而是逐漸變成了約定俗成的模式。實際上，語言是從詩歌開始的，只是經過發展，最終變成了一門科學。那些撰寫了語言結構原理的語法學家們也在這裡採取了理性主義觀點，錯誤地以為語言是一種有意識的構造。我們在討論古代哲學時已經了解到，科學和哲學語言是文明的新產物。我們在其中可以看到，人們為了表達新事物，是如何與當時的通用語言作爭鬥的。雖然常常被人遺忘，但這仍然是一條重要原則。科學和哲學的職責正是從平常語言入手，錘鍊出更鋒利的語言工具，以便進行新的探索，這個可貴的資訊就隱含在笛卡兒對明晰理念的要求之中。維柯本人似乎並沒有從中看到這一點，因而也就忽視了理性主義哲學對於科學的重要性。

我們可以用兩種對立的方式來討論語言問題，一是像萊布尼茲那樣，採取極端的理性主義觀點，把語言看做某種充滿明晰的概念，並具有明確計算規則的算法。二是按照維柯的觀點，認為自然語言是作為交流的充分媒介發展而成的，同時放棄任何形式化的曲解企圖。按照這一觀點，邏輯的作用實際上是多餘的，因為具有意義的唯一標準就是語言本身的積極運用。這兩種極端的看法都是錯誤的，理性主義者誤以為發展的方向就是可以達到的終極目標；而對形式化的全盤否定，則使我們喪失了突破狹隘視野的可能性，結果總是只看到我們自己。另外，後一種觀點還常常與如下的觀點相連在一起：日常會話已經完全清晰明白了。實際上這是一個十分草率的樂觀看法，它沒有考慮到過去哲學的種種偏見還殘存在日常用語當中。

雖然維柯在社會學方面有著正統的理論，但他依然是一位虔誠的天主教徒。不管怎麼說，他都試圖把天主教納入自己的體系，至於這樣做

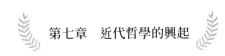

會不會出現自相矛盾，則是另一個問題。但始終如一並不是維柯的優點，維柯不可思議地預見了 19 世紀及其哲學的發展，這才是他的重要性所在。在他的社會學中，他放棄了理性主義者「理想共和政體」的概念，而埋頭於經驗主義事務，也就是研究社會是如何形成與發展的。在這方面，他具有非凡的獨創性，第一個提出了人類文明的一項真正理論。這一切都與他全部思想的主導概念密切相關，這一概念就是：真理即行為。用拉丁文表述就是「verum factum」。

第八章

不列顛經驗主義

緊隨著宗教改革的步伐，歐洲北部出現了一種新的政治和哲學立場。作為對宗教戰爭時期和隸屬於羅馬時期的一種反作用，它主要出現在英國和荷蘭。歐洲大陸的宗教分裂所造成的恐怖局面對英國的影響不大，的確，英國新教徒和天主教徒曾一度態度曖昧地互相迫害，克倫威爾統治下的清教主義也和教會有矛盾，但並不存在大規模的暴力衝突，更沒有來自外國的武力干涉。而荷蘭卻受到了宗教戰爭的一切影響，在與天主教西班牙長期艱苦的鬥爭中，他們的獨立終於在西元 1609 年得到了暫時的承認，並得到了西元 1648 年西發里亞和約 [030] 的首肯。這裡所說的關於各種社會與智力問題的新立場被稱為自由主義。這一標題有點籠統和含糊，但人們仍然可以從中分辨出許多鮮明的特徵來。

　　首先，從根本上說自由主義是新教的，但並沒有採取狹隘的喀爾文方式，它是新教「人人都必須以自己的方式和上帝溝通」概念的一種發展。另外，自由主義還認為偏執的態度於事業不利，因為自由主義是新興中產階級的東西，而商業和工業正在這個階級的手中蓬勃發展著。自由主義還與貴族和君主的頑固特權傳統格格不入，因此它的主要思想就是寬容。在 17 世紀，當歐洲的大部分地區被宗教衝突弄得支離破碎，被毫不妥協的宗教狂熱所折磨時，荷蘭共和國卻成了異教徒和各種自由思想家的避難所。新教教會從來沒有獲得過天主教會在中世紀時所擁有的政治權力，國家權力因此變得更為重要。

　　中產階級越來越厭煩君主的獨裁，他們憑著自身的進取精神獲得了

---

[030] 西發里亞和約是象徵三十年戰爭（西元 1618 年 -1648 年，由神聖羅馬帝國的內戰演變而成的全歐洲參與的一次大規模國際戰爭）結束而簽訂的一系列和約，簽約雙方分別是統治西班牙、神聖羅馬帝國、奧地利的哈布斯堡王室和法國、瑞典以及神聖羅馬帝國內布蘭登堡、薩克森、巴伐利亞等諸侯邦國。西元 1648 年 10 月 24 日簽訂的西荷條約，正式確認了西發里亞一系列條約。條約規定，國家不論大小一律平等，任何國家不得以任何理由干預他國內政，這就為近代國際公法的確立打下了堅實的基礎。—— 譯者注

財富。因此，自由主義運動就朝著民主的方向發展，其基本願望就是爭取財產權和削弱君權。除了否定神授的君權以外，還產生了一種理解，即人們可以透過自身的努力來改善當前的境遇。結果，教育的重要性便開始得到普遍的承認。

通常，人們對政府持懷疑態度，因為政府正在限制商業的自由發展。但同時人們又意識到，對法律和秩序的需求是最基本的需求，這樣就多少緩和了他們反政府的態度。從這個時期開始，英國人便繼承了典型的妥協傳統。在社會問題上，這就暗示著他們更喜歡改良而不是革命，因此，就像它的名稱所提示的那樣，17 世紀的自由主義其實是一股解放的力量。它解放那些實踐它的人們，使他們擺脫中世紀傳統在彌留之際仍不肯放棄的一切暴政，包括政治、宗教、經濟和智力上的暴政。同樣，它也反對極端主義新教各派的盲目狂熱，並且不承認教會在哲學、科學問題上享有合法權威。在維也納會議[031]把歐洲帶入神聖同盟[032]的新封建泥潭之前，一種樂觀的看法激發了早期自由主義的活力，並且在無窮能量的驅動下大步向前邁進，而沒有遭到重大挫折。

在英國和荷蘭，自由主義的蔓延與當時的普遍條件是如此密切相關，以至於幾乎沒有引起什麼動亂。而在別的地方，如法國、北美，自由主義就產生了革命性的影響，並左右和決定了後來事件的發展。自由主義態度的主要特徵就是對個人主義的尊重，新教神學早就強調了教會

---

[031] 維也納會議是從西元 1814 年 9 月 18 日到西元 1815 年 6 月 9 日在奧地利維也納召開的一次歐洲列強的外交會議。這次會議是由奧地利政治家克萊門斯·文策爾·馮·梅特涅（Klemens Wenzel von Metternich）提議和組織的。其目的在於恢復拿破崙戰爭時期被推翻的各國舊王朝及歐洲封建秩序，防止法國東山再起，使戰勝國重新分割歐洲的領土和領地。——譯者注
[032] 神聖同盟是西元 1815 年 9 月，在沙皇亞歷山大一世的倡議下，奧地利皇帝法蘭西斯一世、俄羅斯皇帝亞歷山大一世和普魯士國王腓特烈·威廉三世在打敗拿破崙後締結的一個鬆散的政治同盟，歐洲大多數國家陸續參加。其目的是維護君主政體，反對法國大革命在歐洲所傳播的革命理想。——譯者注

在良心問題上享有立法權是不恰當的。同樣，個人主義也滲入了經濟和哲學領域。在經濟領域，它表現為「自由放任」；而在理論上則表現為19世紀的功利主義；在哲學方面，它對知識論表現出強烈的興趣，從此以後，哲學家們一直致力於這一理論的研究。笛卡兒的著名命題「我思故我在」就是這種個人主義的典型例子，因為它使每個人都把個人的存在當做知識的基礎。

這種個人主義學說主要是一種理性主義理論，它極力推崇理性。感情用事一般會被認為是蒙昧的表現。然而在19世紀，個人主義學說還是逐漸延伸到了感情領域，並在浪漫主義運動的巔峰時期導致了大量的權力哲學（鼓吹強者的一意孤行）。這樣的結果當然是與自由主義相對立的，實際上，這些理論也是不攻自破的，由於害怕與同樣野心勃勃的人競爭，成功者自然就會「過河拆橋」。

自由主義運動影響了學術氣氛，因此那些在哲學上持有相反觀點的思想家在政治上卻是自由主義派的，也就不奇怪了。像不列顛的經驗主義哲學家一樣，史賓諾沙也是自由主義的。

19世紀的工業社會崛起之後，自由主義就成了遭受殘酷剝削的工人階級要求改良社會的強大泉源，這一功能又被後來更富戰鬥力的新興社會主義運動所繼承。從整體上看，自由主義仍然是一種沒有教條的運動，但不幸的是，作為一種政治力量，它現在已經失去了效力。絕大多數人離開了嚴苛的政治綱領，就沒有勇氣活下去，這就是對我們這個時代的一種可悲的評價，也許這正是20世紀國際性大災難所導致的惡果。

笛卡兒哲學產生了兩個發展主流，一是復甦的理性主義傳統，在17世紀，這個傳統的主要傳播者是史賓諾沙和萊布尼茲：二是通常所說的不列顛經驗主義。重要的是，我們不能過於生硬地使用這些分類標籤。

實際上，像在任何別的領域一樣，理解哲學的最大障礙就是盲目、生硬地替思想家們貼上分類標籤。但習慣的分類法並不是隨心所欲的，而是指出了兩種傳統的主要特徵。

即使在政治理論上，不列顛經驗主義者也確實展示了一種理性主義思考的顯著特色。這一運動的三位偉大的代表人物是洛克、柏克萊（George Berkeley）和休謨，時間大約從英格蘭內戰到法蘭西大革命。約翰·洛克（西元 1632 年 -1704 年）自小接受了嚴格的清教徒式教育，他的父親在內戰期間曾與議會軍隊並肩作戰。洛克學說的基本宗旨之一就是寬容，這最終導致了他與衝突雙方都斷絕了關係。西元 1646 年，他前往西敏中學，並在那裡學到了古典學問的基礎知識。6 年後，他又進了牛津，在那裡度過了 15 年，先是當學生，後來成了那裡的希臘文和哲學教師。經院哲學當時在牛津仍然盛行，但並不為洛克所喜愛，他對科學實驗及笛卡兒哲學產生了濃厚的興趣。對於他這種持有寬容觀點的人，頑固的教會是不會給他什麼發展機會的，於是他最終決定從事醫學研究。在這一時期，他結識了波以耳，後者與西元 1668 年創立的皇家學會有關聯。西元 1665 年，他隨同一個外交使團拜訪了布蘭登堡選帝侯，第二年又遇到了阿什利勳爵，阿什利後來成了第一代沙夫茨伯里伯爵（Anthony Ashley Cooper, 1st Earl of Shaftesbury）。在西元 1682 年之前，他始終是伯爵的朋友和助手。

洛克最著名的哲學著作是《人類理解論》（*An Essay Concerning Human Understanding*），該書作為與朋友們探討的成果，於西元 1671 年開始撰寫。書中明確指出，對人類知識的範圍和局限性做出初步評價是有好處的。沙夫茨伯里於西元 1673 年倒臺後，洛克去法國生活了 3 年，並在那裡見到了許多當時頂尖的思想家。西元 1675 年，沙夫茨伯里復出，

並且擔任了樞密院大臣。這一年，洛克再次成了伯爵的祕書。沙夫茨伯里試圖阻撓詹姆士二世（James II）登基，並且捲入了不成功的蒙默思叛亂，結果，他遭到了放逐，並於西元 1683 年死在阿姆斯特丹。也就在這一年，洛克被懷疑與伯爵有牽連，因此逃到了荷蘭。為了不被引渡回國，他曾一度改名。正是在這一時期，他完成了《人類理解論》。在同一時期，他還完成了《論寬容》（*A Letter Concerning Toleration*）和《政府論》（*Two Treatises of Government*）。西元 1688 年，奧蘭治的威廉當上了英格蘭國王，不久，洛克便回到了故鄉。《人類理解論》出版於西元 1690 年，洛克晚年把大部分時間花費在準備該書的後期版本上，並且忙於應付此書引發的論戰。

　　在《人類理解論》中，心靈的局限性和我們所能進行的探索的局限性，第一次得到了直截了當的闡述。理性主義者顯然有這麼一種設想，即完善的知識最終是可以獲取的。不過新的探討卻對此並不那麼樂觀。整體來說，理性主義是一種樂觀的學說，並且到了喪失批判性的地步，而洛克的認識論探索卻是某種批判性哲學的基礎，這種哲學在兩種意義上是屬於經驗主義的。首先，它並不像理性主義者那樣預先斷定了人類的知識範圍；另外，它強調了感知和經驗的因素。因此，這種觀點不僅象徵著經驗主義傳統的開始（由柏克萊、休謨和約翰・史都華・密爾〔John Stuart Mill〕所推動），而且象徵著康德批判性哲學的開始。可見洛克的《人類理解論》旨在掃除過去的偏見和先入為主的見解，而不是為了提供某種新的哲學體系。在這方面，洛克為自己確定了一項工作，他謙虛地認為這項工作比不上那些大師（如「無與倫比的牛頓先生」）的工作。對於自己所做的貢獻，洛克認為「如果能像一名掃地的低階雇工，清除一下知識道路上的垃圾，就算是抱負不小了」。

在這一新計畫中，首先要做的就是嚴格地把知識置於經驗基礎之上，這就意味著必須捨棄笛卡兒和萊布尼茲的天生理念。有一種觀點是公認的，即我們與生俱來就有一種既能夠發展，又能夠使我們學到不少知識的資質。但如果由此設想未受過教育的心靈也會有蟄伏著的內容，那就不對了。如果真的如此，我們可能永遠也無法把這種知識與真正來自經驗的知識區分開來，而且也可以說一切知識都是與生俱來的。當然，這正是《美諾篇》（*Meno*）中的回憶理論所提倡的觀點。其次，最初的心靈要像一張白紙，由經驗來為它提供思想內容。洛克把這些內容叫做理念（這個術語在這裡具有極為廣泛的含義）。按照所指對象的不同，理念一般可分為兩類，一是感覺理念，我們透過感官了解外部世界就可獲得這種理念；二是反思理念，它們源於心靈的自我審視。至此，這一學說並沒有提出任何驚人的新觀點。如果不透過感官擁有內容，心靈只是一片蒼茫，這是經院學派的一個古老命題。萊布尼茲又加上了一個限定條件，即把心靈本身排除在這個命題之外。經驗主義的獨特之處，就在於它指出了感覺理念與反思理念是知識的唯一來源。因此，在思考和思辨時，我們只能透過感覺與反思來獲得知識，而絕不可能超越這一限度。

接下來，洛克把理念分為簡單理念和複雜理念兩類，但他並沒有提出令人滿意的簡單標準。他稱不能再分解的理念為簡單理念，作為一種解釋，這並沒有什麼好處。另外，洛克在使用這一片語時也並不是前後一致的，但他想達到什麼目的卻是很清楚的。如果只有感覺理念與反思理念的話，那麼就必然可以表達思想內容是怎樣由這些理念構成的，或者說，複雜理念是怎樣從簡單理念的組合中產生的。複雜理念又可分為實體、程序和關係三類。實體就是獨立存在的事物的複雜理念，而程序

則依賴於實體存在。正如洛克開始注意到的那樣，就其自身的意義而言，「關係」根本不能算真正的複雜理念，它們自成一類，源自心靈的比較作用。我們以因果事實為例，這種關係理念是隨著對變化的觀察而出現的。洛克認為連結概念的基礎必然是一個假設，而不是經驗。後來休謨強調了後一種觀點，而康德則強調了前一種。

洛克認為，如果說某人知道什麼，那就意味著他確信他所知道的。在這方面，洛克不過是遵循了理性主義傳統。「知道」一詞的用法可以追溯到柏拉圖和蘇格拉底那裡。按照洛克的觀點，我們現在所知道的就是理念，而理念又代表了世界。知識表現論使洛克很自然地超越了自己大力提倡的經驗主義。假如我們所知道的一切都是理念，那麼我們也許永遠也不知道這些理念是否與萬物的世界相一致。不管怎樣，這種知識觀使洛克產生了以下的見解：詞語代表理念，正如理念代表萬物一樣。不過其中也有這樣的區別，即詞語是約定俗成的符號，而理念則不是。既然經驗只向我們提供了個別理念，那麼心靈的作用就是去產生抽象理念和普遍理念。《人類理解論》還順便表述了洛克關於語言起源的見解，他和維柯一樣，也發現了隱喻的作用。

洛克知識論的一個主要難點就是解釋謬誤。如果我們將洛克的白紙換成柏拉圖的鳥籠，將理念換成鳥的話，該問題的形式就和《泰阿泰德篇》中的形式完全一樣。根據這種理論，我們似乎就不可能犯錯誤，但洛克並不總是為這類問題感到不安。他的表述不僅缺乏系統性，而且經常是遇到難題就退卻。由於抱著某種實用的目的，洛克處理起哲學問題來總是很零碎，他並沒有去正視前後要一致的責任。就像他曾經說過的那樣，他是一個低階雇工。

至於神學問題，洛克認同了把真理分為理性真理和啟示真理的傳統

劃分法，他雖然獨來獨往，但始終是一位虔誠的基督徒。他特別厭惡希臘原義上的「神祕靈感」，即被神靈啟示所眩惑的某種狀態，它是 16 世紀、17 世紀宗教領袖的一個特點。洛克認為這些人的狂熱不僅損害理性，而且損害啟示。宗教戰爭的暴行令人恐怖地證實了這一點。總之，洛克在這方面遵從了當時哲學的一般趨向，確實把理性放在了第一位。

在洛克的政治理論中，也包含了理性與經驗主義的混合物。他在西元 1689 年 -1690 年完成的《政府論》中闡述了這些理論。其中第一篇論文批駁了一本名為《父權制》（*Patriarcha*）的小冊子（羅伯特·菲爾默〔Robert Filmer〕爵士 [033] 著），這本書含有君權神授的極端觀點。這一理論的基礎是世襲原則，洛克發現要推翻它易如反掌，儘管人們也許會認為這一原則與人類的理性並不是那麼水火不相容。事實上，這一原則在經濟領域得到了廣泛的認同。

洛克在第二篇論文中提出了自己的理論。他和霍布斯一樣，也認為在文官政府存在之前，人們生活在一種受自然法則支配的自然狀態之中。這些觀點全都屬於傳統的經院哲學。洛克還認為，政府是在社會契約的理性主義學說基礎上建立起來的。在當時的背景下，他和那些堅持君權神授的人相比，算是前進了一步，儘管它比不上維柯的理論。洛克認為，社會契約背後的原動力就是對財產的保護，由於有這類協定的約束，人們就放棄了獨自維護其利益的權力，而這種權力現在交給了政府。由於在君主制度下，國王本人也可能捲入紛爭，那麼按照任何人都不應對自己的案件進行裁判的原則，司法就必須獨立於行政。孟德斯鳩後來非常詳盡地論述了權力的劃分。洛克首先對這類問題進行了充分的

---

[033] 羅伯特·菲爾默（西元 1588 或 1589 年 -1653 年），英國政治思想家，君權神授說的代表人物。——譯者注

解釋，尤其是考慮到了國王的行政權力和相對應的議會立法權。立法機構作為整個社會的代表，是至高無上的，它只對社會負責，但是假如行政和立法發生衝突，我們又該怎麼辦呢？顯然，在這種情況下，行政必須被迫屈從於立法。查理一世[034]（Charles I）也確實曾遭遇過這樣的事情，他的獨裁引發了內戰。

另一個問題是人們如何來決定，在什麼情況下可以對暴君採取正義的武力行動？在實踐中，往往是根據起義能否成功來決定的。儘管洛克似乎隱約感覺到了這一事實，但他的觀點仍是與當時政治思維的一般理性主義傾向相一致的。他設想任何一個有理性的人都能明辨是非。由於只有根據某個內在的原則，才能評價一個行動的對與錯，那麼第三種權力（司法權）正好在這裡造成了獨特的作用。洛克並沒有把司法權當做一種單獨的權力來討論。但是在權力劃分逐漸為人所接受的任何地方，司法權都及時地獲得了完全的獨立，並且可以在其他任何權力之間進行裁決。這三種權力透過這種方式組成了一個相互制約的均衡體系，從而防止了任意的權威出現。對於政治上的自由主義來說，這是非常重要的。

今天的英國，政黨一成不變的結構和內閣所產生的權力，在一定程度上削弱了行政權與立法權之間的分工。權力劃分（像洛克設想的那樣）最明顯的例子是美國的政體，它的總統和國會都獨立發揮作用。至於大多數國家，自洛克時代以來，已經發展成國家權力以犧牲個人為代價的局面。

---

[034] 查理一世（西元 1600 年 -1649 年），英格蘭、蘇格蘭和愛爾蘭國王。他與議會的決裂，引發了英國的內戰。西元 1645 年 6 月 14 日，國王軍被以費爾法克斯爵士和克倫威爾為正副司令的模範軍在內斯比戰役中擊敗。西元 1648 年，查理一世率領的蘇格蘭軍被議會軍擊敗，他本人被俘。西元 1649 年，他在審判後被公開處死。—— 譯者注

班傑明・富蘭克林

　　在所有的思想家中，洛克既不是最深刻的，也不是最具獨創性的，但他卻逐漸在哲學和政治兩個領域產生了強大而持久的影響力。在哲學領域，他站在了新經驗主義的前列，這種思想首先是由柏克萊、休謨和後來的邊沁（Jeremy Bentham）、約翰・史都華・密爾發展起來的。在 18 世紀法國的百科全書派 [035] 運動中，除了盧梭及其追隨者，其餘大部分都屬於洛克派。馬克思主義的科學特色也是在洛克的影響下形成的。

　　在政治方面，洛克的理論是對英國實際應用的一套方法的總結，因此不可能導致什麼大的動盪。而在美國和法國，情況則完全不同，洛克的自由主義導致了一種更為壯觀的革命。自由主義在美國成了國家理想，並被寫進了憲法。作為一種理想，它並沒有始終得到忠實的遵守；但作為一項原則，早期的自由主義幾乎原樣不變地在美國繼續發揮著作用。

<hr>

[035] 18 世紀法國啟蒙思想家在編纂《百科全書》（Encyclopédie）（全稱為《百科全書，或科學、藝術和手工藝分類字典》〔Encyclopédie, ou dictionnaire raisonné des sciences, des arts et des métiers〕）的過程中形成的派別。該派由一批以《百科全書》主編狄德羅為首的唯物論者組成，他們反對封建特權制度和天主教會，嚮往合理的社會，認為迷信、成見、愚昧無知是人類的大敵，主張一切制度和觀念都要經過理性的批判和衡量。他們對機械工藝十分推崇，孕育了資產階級的務實謀利精神。——譯者注

　　奇怪的是，洛克的極大成功是與牛頓理論的徹底成功分不開的。牛頓的物理學永遠地顛覆了亞里斯多德的權威；同樣，洛克的政治理論儘管沒有什麼新鮮內容，卻也否定了君權神授，並試圖從經院哲學的自然法則出發，建立一套新的國家學說。這些嘗試的科學性反映在它們對後來事件的影響上。《獨立宣言》的措詞正好就打上了它的烙印。富蘭克林 [036]（Benjamin Franklin）寫下了「我們認為這些真理是不言而喻的」，他用「不言而喻」代替了傑佛遜 [037]（Thomas Jefferson）的「神聖不可置疑」，富蘭克林在這裡模仿了洛克的哲學語言。在法國，一方面，洛克的影響更為強大。「舊秩序」的暴政已經過時，並與英國的自由主義原則形成了痛苦而鮮明的反差。另一方面，牛頓的見解在科學領域取代了比較陳舊的笛卡兒世界觀。在經濟方面，英國的自由貿易政策在法國受到了極大的推崇，儘管存在著部分的曲解。在整個 18 世紀，英國文化都得以在法國盛行，而這種狀況首先是由於洛克的影響。

　　正是由於洛克的哲學，近代歐洲哲學才出現了第一次分裂。從整體上說，大陸哲學建構了大規模的體系，它的論證具有先驗性，而且在論證範圍之內常常忽視細節問題。而英國哲學卻更為遵循科學的經驗主義研究方法，它以零散的方式討論了許多小問題，當它真的要提出普遍性原則時，就會把這些原則置於直接證據的驗證之下。

　　上述差異必然會導致如下的結果：假如先驗體系的基本原則被去除，那麼它就會完全被推翻，即使它本身是前後一致的；而以觀察事實為基

---

[036] 班傑明·富蘭克林（西元 1706 年 -1790 年），18 世紀美國偉大的科學家和發明家，著名的政治家、外交家、哲學家、文學家以及美國獨立戰爭的偉大領袖。他有一句名言：「誠實和勤勉，應該成為你永久的伴侶。」──譯者注

[037] 湯瑪斯·傑佛遜（西元 1743 年 -1826 年），美國政治家、思想家、開國元勛，第 3 任美國總統。西元 1776 年參與起草了美國《獨立宣言》。任美國總統期間，他從法國手中購買路易斯安那州，使美國領土增加近一倍。──譯者注

礎的經驗主義哲學卻不會崩潰，即使我們可以在某些地方對它吹毛求疵。兩者的反差就像兩座塔基與塔尖顛倒的金字塔一樣。經驗主義的金字塔建立在牢固的地基之上，即使從某個地方拿走一塊石板，它也不會倒塌；而先驗性的金字塔卻是靠塔尖支撐的，似乎瞟它一眼，它都會搖搖欲墜。

這種方法的實際效果在倫理學中更為明顯。善的理論被當做一個嚴格的體系提了出來，如果某個不寬容的暴君自以為注定要由他來貫徹這一理論，那麼就會出現恐怖性的災難。毫無疑問，有些人可能會鄙視功利主義倫理學，因為它源於追逐快樂的低階慾望。然而可以絕對肯定的是，和那些不顧一切追求理想目標的高尚改革家相比，這種理論的辯護者在改善同胞命運方面要做得更多。除了這些不同的倫理學觀點，相應地，政治學的發展中也出現了不同態度。堅持洛克傳統的自由主義者並不喜歡在抽象原則的基礎上進行徹底變革，每項爭執都必須在自由討論中按照自身的價值來進行討論。正是英國政府和社會實踐中的這種零散的、暫時的、不僅不成體系而且反體系的特徵，才使得歐洲大陸怒火中燒。

洛克自由思想的功利主義繼承人贊同一種開明的利己倫理學。雖然這一概念不可能在公眾中喚起最高尚的情懷，但由於同樣的原因，它實際上也避免了在崇高體系的幌子下犯下堂皇的暴行 —— 這些體系展望了更崇高的目標，卻忽略了人並不是抽象的這一事實。

洛克理論留下了一個嚴重的缺陷，就是他對抽象理念的解釋。當然，這種解釋只是一種嘗試，試圖解決洛克認識論中餘下的共相問題。其中的困難就在於，假如我們從具體例項中提煉抽象理念的話，最終將會一無所獲。洛克以三角形的抽象理念為例，它必定「既不是斜角的，

又不是直角的；既不是等邊等角的，又不是不等邊的。這些特徵既同時具有，又同時沒有」。柏克萊哲學正是從對抽象理念論的批判出發的。

　　喬治・柏克萊（西元 1685 年 -1753 年）於西元 1685 年出生於愛爾蘭，是盎格魯 - 愛爾蘭人的後裔。他 15 歲就進了都柏林的三一學院[038]，在那裡，除了傳統學科以外，牛頓的新學問和洛克的哲學正日益興盛。西元 1707 年，柏克萊當選為三一學院研究員。在其後的 6 年裡，他發表了一些著作，從而奠定了他的哲學家聲譽。柏克萊不到 30 歲就已經出了名，從此以後，他把主要精力投入了別的事業中。從西元 1713 年到西元 1721 年，柏克萊一直在英國和歐洲大陸居住和旅行。回到三一學院後，他出任了高級研究員，並於西元 1724 年當上了德利教區的負責人。在此期間，他開始準備在百慕達創辦一所教會學院，在政府做出提供支持的承諾後，柏克萊於西元 1728 年前往美洲尋求新英格蘭人的資助。然而西敏許諾的資助遲遲不能兌現，因此柏克萊不得不放棄了這個計畫，於西元 1732 年回到了倫敦。2 年後，他晉升為克洛因地區的主教，並終身擔任這個職位。西元 1752 年，他拜訪了牛津，第 2 年初逝世於牛津。

　　柏克萊哲學的基本觀點是，被感知的東西等同於存在物。在他看來，這個命題是不言而喻的，以至於他從來沒有對不大信服的同時代人解釋他想做什麼，因為從表面上看，這個命題與常識相去甚遠。通常，沒有人會認為（正如這種觀點似乎要求的那樣）自己感知的對象就在自己的心靈當中。然而它的意義卻在於，柏克萊隱晦地提出了所指對象的理念存在著某些問題，他所根據的正是洛克曾經宣揚過卻又未能堅持到

---

[038] 劍橋大學三一學院，由英國國王亨利八世於西元 1546 年所建，其前身是西元 1324 年建立的麥可學院以及西元 1317 年建立的國王學堂。牛頓、培根、丁尼生等著名人物都是從這裡畢業的。——譯者注

底的經驗主義觀點。因此，試圖用詹森博士[039]（Samuel Johnson）那種方式來駁倒柏克萊的做法就完全偏離了目標。至於柏克萊自己的理論最終能否解決洛克的難題，則是另一回事了。同時，我們還應該記住，柏克萊並不打算用一些神祕的難題來使我們迷惑，而是試圖修正洛克某些自相矛盾的地方。至少可以說他在這方面是十分成功的，如果根據洛克的認識論，那就無法合理地保持內心世界與外在世界的反差。我們不可能在堅持洛克理念論的同時，又認同知識表現論。後來，康德在解釋同一個問題時，也遇到了極為相似的困難。

柏克萊在他的第一部著作《視覺新論》（*An Essay towards a New Theory of Vision*）中批判了抽象理念論，他一開始就討論了當時盛行的關於感知的種種混淆觀念，尤其是對以下表相難題做出了合理的解答，即我們看見的事物是正的，儘管其影像在視網膜上是倒立的。這在當時是一個十分盛行的難題，柏克萊證明了這完全是由於一種簡單的謬誤所致，關鍵在於我們是用眼睛看東西，而不是像看螢幕一樣從眼睛後面看眼睛，因此，造成這一誤解的原因就是我們無形中從幾何光學掉進了視覺感知語言的陷阱。柏克萊進一步提出了一種感知論，這一理論明確地區分了不同感官所針對的不同對象。

柏克萊認為，視覺感知並不是外部事物，而只是心中的理念。但他又認為觸覺感知（雖然在心靈裡屬於感覺理念）的對象是有形物質，儘管在後來的著作中，他不再同意這種區別，並且認為一切感知都只在心靈中產生感覺理念。各種感官之所以會如此分離，其原因就是所有的感覺都是獨特的。這也就解釋了柏克萊為什麼要否定他所謂的「唯物主

---

[039] 山繆·詹森（西元 1709 年 -1780 年），英國詩人、散文家、批評家、辭書編輯家。——譯者注

義」。因為物質完全是各類屬性的形上學載體，而只有屬性才能產生經驗，也就是思想內容。單純物質是不可能被經驗的，因此也是多餘的、無用的抽象。這樣的見解也適用於洛克的抽象理念。例如，假如你把一個三角形所具有的所有特性都去掉，那麼嚴格地說，最終將什麼也留不下來，而子虛烏有的東西是無法被經驗的。

　　西元 1710 年，也就是《視覺新論》發表的第二年，柏克萊又出版了《人類知識原理》（*A Treatise Concerning the Principles of Human Knowledge*）一書，他在書中毫不保留和妥協地陳述了自己的命題：存在即被感知。嚴格地說，這是洛克經驗主義的最終結果。那麼，當我們事實上確實有經驗時，我們唯一能說的就是自己具有了某些感覺或反思的經驗。因此，我們只有在不僅被限定在這種保存於心靈中的經驗範圍內，而且不得不只能在自己有這些經驗時，才承認它們的存在。在某種意義上，這是很自然的。只有在經驗中，或者透過經驗來提及物的存在，這才有意義，因此，存在就等於被感知。根據這種觀點，如果去談論某個未曾經驗過的經驗，或某個未曾感知過的理念，就是毫無意義的。那些持有現象主義認識論的現代哲學家們繼續堅持著這一立場，按照這樣的理論，未經感知的感官資料是不存在的。至於抽象理念，如果有可能的話，它們必然代表著某些無法體驗的實在，這一點是與洛克的經驗主義相矛盾的。因為在經驗主義者看來，實在性與能夠被經驗的東西同樣廣闊和久遠。那麼又怎樣來解決共相問題呢？柏克萊指出，洛克所想像的抽象理念純粹是普遍性的名稱，它們並不是指任何單個的事物，而是指一組事物中的任何一個。因此，「三角形」一詞就是指任何三角形，而不是指一個抽象的三角形。實際上，抽象理念論面臨的困難和我們談到蘇格拉底形式論時所面臨的困難是有關係的，那些形式指的也是完全非特

定的東西，它們獨立存在於另一個世界裡，但有可能被認知。

　　柏克萊不僅拋棄了抽象理念，而且完全拋棄了洛克所作的對象與理念的區分以及由此產生的知識表現論。因為，對一個前後一致的經驗主義者來說，我們怎麼能夠一面堅持「所有經驗都針對感覺理念與反思理念」，而同時又斷言「理念與那些本身不可知或不能被人所知的對象相一致」呢？康德後來對事物的本體和現象作了區分，但是洛克的理論中早就有了這種跡象。柏克萊沒有採納洛克的這些觀點，並且非常正確地抵制了它們，因為它們與洛克的經驗主義不相容。柏克萊唯心主義的意義正在於此。我們能夠認知和提到的一切事物都是心靈（思想）的內容。在提出知識表現論的同時，洛克還認為詞語是理念的符號，每一個詞都有一個與之對應的理念，反之亦然。正是這種錯誤觀點導致了抽象理念論的出現，因此，洛克必定會認為，在言談中說出一個詞，就會喚起一個理念，訊息就是透過這種方式，從一個人傳給了另一個人。

　　柏克萊很輕易地證明了對語言的這種解釋是錯誤的。因為，我們在聆聽時所理解的是對方說話的大意，而不是一系列彼此分離，然後又像珠子一樣串起來的單字的含義。人們也許還會說，知識表現論的難題肯定會反覆出現，如何來確定理念的名稱呢？這就要求我們能夠以非言辭的方式，把出現在心靈中的某個明確理念傳出來，然後再替它安一個名稱。但即使如此，我們還是不知道怎樣才能表述出其中的對應性。因為用理論術語來說，理念本身是非言辭的。因此，洛克對語言的解釋存在著嚴重缺陷。

　　我們已經看出，人們可以對柏克萊的唯心主義進行一番闡釋，使其不像看上去那麼嚇人。唯心主義使柏克萊作了一些推論，不過這些推論並不那麼令人信服。他認為，如果進行了感知活動，那麼就一定會牽涉到心

靈或精神，這一點看來是不可避免的。那麼，一個包含了理念的心靈並不是它自身的經驗對象，所以它的存在並不展現於被感知，而是展現於去感知。但是這種心靈觀與柏克萊自己的立場並不一致，因為我們透過考察可以發現，用這種方式感悟到的心靈恰恰就是柏克萊批判過的洛克的抽象理念。心靈是一種去感知的東西，而不是別的東西，但它又是抽象的。至於心靈不活動時會遇到什麼，就需要有一個特別的答案了。顯然，如果「存在」要麼意味著去感知，要麼意味著被感知，那麼心靈在不活動時就一定是上帝心中的某種理念，因為只有上帝的心靈才是永遠活躍的。引用這個哲學中的上帝，正是為了應付理論上的某個難題，他的作用就是確保心靈能夠連續地存在，順便也保證了所謂物質對象的繼續存在。這種比較自由的方式使整個解釋回到了一種接近常識的層面上去。柏克萊的這部分觀點是最沒有價值的，也是最缺乏哲學趣味的。

　　這裡值得強調的是，柏克萊的命題（存在即被感知）並不表示他認為這是一個應該透過實驗來確定是否引進上帝的問題。實際上，我們只要仔細考慮怎樣來正確使用自己的詞彙，就能明白他的命題肯定是真的。因此，他在這個問題上所做的研究並沒有形上學的含義，只是在探討如何運用某些詞語的問題。只要我們決定把「存在」與「被感知」當同義詞來使用，自然就沒有懷疑的餘地。然而，柏克萊不僅指出了我們應該如何運用這些詞語，而且認為我們在謹慎的談話中已經這樣做了。我們一直在盡力揭示這一觀點，它並不是完全沒有道理的。但人們很可能會感覺到，這種說法並不像柏克萊所想像的那麼妥當。

　　首先，他被引向了關於心靈和上帝的形上學理論，這一理論與他的其他哲學觀點不協調。如果柏克萊不堅持這一點，我們就會覺得他的術語沒有必要與通常的說法有區別，儘管這可能還有爭議，而且無論如何

也不能成為人們拋棄它的理由。除此之外，柏克萊的解釋還有一個哲學上的缺陷，從而使得他的大部分解釋很容易受到批判。在以下事實中，這一點尤為突出：柏克萊本人曾經指出過關於視覺的這類錯誤觀點。前面說過，他正確地堅持了人是用眼睛看東西，而並沒有看眼睛的觀點；同樣，我們也可以說，在通常情況下，一個人用心靈去感知，但在感知的時候並沒有審視自己的心靈。正如我們沒有看自己的眼睛一樣，我們也沒有看自己的心靈；同樣，正如我們不能說自己看見了視網膜上的東西一樣，我們也不能說自己感知到了心靈裡的東西。這至少說明我們應該慎重地考慮「在心靈中」這個短語，而柏克萊卻沒有考慮到這一點。

以上批判顯示，我們也許有充分的理由來反駁柏克萊贊成另一術語的說法，其根據就是事例中的類比。很顯然，柏克萊的命題在這一點上很容易給予人誤導。也許有人認為這對柏克萊不大公正，但這也許正是他自己希望批評家去做的事，因為他認為哲學家的本職就是去澄清給予人誤導的說法。在《人類知識原理》導論中，他是這樣看問題的：「我在整體上傾向於認為，哲學家們至今仍然感興趣的絕大部分難題（即使不是全部）之所以成了求知的障礙，完全要歸咎於我們自己。我們剛剛揚起一點塵土，就抱怨什麼也看不見了。」

柏克萊的另一部主要著作《希拉斯與菲洛努斯之間的三次對話》（*Three Dialogues Between Hylas and Philonous*）並沒有提出可供討論的新話題，而是以更有可讀性的對話錄形式，重申了早期作品的觀點。

洛克提出的理念學說很容易招致許多嚴厲的批評。如果心靈只知道感官印象的話，那麼柏克萊的批判就指出，品質的第一屬性和第二屬性是不可能區分的。但是批判性解釋要想進行得徹底，還必須比柏克萊更進一步，因為他仍然認可了心靈的存在。休謨把洛克的經驗主義發展出

了邏輯性的結論，結果，正是由此導致的誇大的懷疑論立場，暴露了當初假設中的種種缺陷。

　　大衛·休謨（西元 1711 年 -1776 年）出生於愛丁堡，他 12 歲就進了愛丁堡大學，在完成常規文科課程的學習之後，他離開了大學，當時還不到 16 歲。他曾一度考慮過從事法律工作，但他真正的興趣還是在哲學方面，並且最終決心致力於哲學研究。休謨經過了短暫的經商嘗試之後，很快就放棄了。西元 1734 年，他去了法國，並在那裡住了 3 年。由於沒有多少財產，他不得不學會有計畫地花錢。他很樂於受到這樣的限制，因而能夠完全專注於學術研究。休謨在法國期間，寫下了他最著名的作品《人性論》（*A Treatise of Human Nature*）。完成這部奠定日後哲學聲譽的著作時，他才 26 歲。回國後不久，休謨就在倫敦出版了《人性論》。然而剛開始，他卻遭遇了慘敗。作者的不成熟在書中有所展現，這種不成熟主要不是展現在哲學內容上，而是展現在他輕率直白的文風上。對公認的宗教原則進行直言不諱的批判，這是不利於自己被普遍接受的。正是由於這樣的原因，休謨未能在西元 1744 年獲得愛丁堡大學的哲學教授一職。西元 1746 年，他加入了聖·克萊爾（St. Clair）將軍的部隊，並於次年跟隨將軍出使了奧地利和義大利。這個差事使他存下充足的錢，西元 1748 年退役後，他就致力於自己的工作。15 年間，他出版了不少關於認識論、倫理學和政治學的著作，更令人欣慰的是，《英格蘭史》（*The History of England*）一書使他名利雙收。西元 1763 年，休謨再次前往法國，這一次是擔任英國駐法大使的私人祕書。2 年後，他成了大使館祕書，並且在大使被召回期間出任了代辦一職，直到新的任命下發。西元 1766 年，他回英國擔任了 2 年的副國務大臣，西元 1769 年退休後，他在愛丁堡度過了自己的晚年。

休謨的紀念碑，位於卡爾頓山

　　休謨認為，在一定程度上，「人的科學」支配了一切探索。和洛克、柏克萊不同的是，他所考慮的不光是清理地面（打基礎），而且要牢記可能隨之建立的體系，這就是人的科學。這種試圖建立新體系的嘗試暗示了歐洲大陸理性主義的影響，因為休謨和那些繼續受笛卡兒原理支配的法國思想家們保持著關聯。無論如何，這種有希望的「人的科學」使得休謨探索了普遍的人性。首先，他探索了人的精神（思想）的範圍和局限性。

　　休謨吸納了洛克「感覺論」的基本原理。根據這種觀點來批評柏克萊的心靈或自我理論並不難，因為我們能意識到，感官經驗中全都是印象，而且沒有任何印象能夠產生人格同一性。的確，柏克萊已經發覺自己把靈魂當做一個實體，是在用人為的方式將其嫁接於自身體系。他不承認我們能夠認知靈魂，於是就建議我們持有某種靈魂的「概念」，但他

從未解釋過這些概念是什麼。不過，無論他會說什麼，這都確實破壞了他自己的理念論。

　　休謨的論證是建立在大量的一般性假設之上的，這些假設貫穿於他的整個認識論。在原則上，他同意洛克的理念論，儘管自己使用了不同的術語。休謨把印象和理念解釋為感知的內容，而洛克則把理念劃分為感覺理念和反思理念。休謨的這種區分和洛克不同，而且它突破了洛克的分類法。

　　休謨認為，一個印象既能夠從感官經驗中獲得，也能夠從記憶之類的活動中獲得。他認為印象產生了理念，而理念又不同於感官經驗（兩者的生動性和逼真度不同）。理念是印象的蒼白複製品，在感官經驗中，印象有時候要先於理念。不管怎樣，當心靈思考時，其中就會伴隨著理念。在這裡，「理念」一詞要按照其希臘原意來理解。對休謨而言，思維指的就是形象思維或想像（拉丁文「想像」具有同樣的原意）。總而言之，一切經驗，不管是感覺還是想像中的經驗，都稱為感知。

　　需要注意的是，休謨遵循了洛克的以下看法，即印象在某種意義上是彼此分離的、獨特的。因此，休謨認為我們可以把一個複雜的經驗分解為簡單的印象（該經驗的組成部分）。從中還可以推出這樣的結論，既然簡單的印象是建構一切經驗的材料，那麼它們就可以分別被想像。不僅如此，既然理念是印象的蒼白複製品，所以無論我們能夠在思維中描繪些什麼，它們都可能是某種可行經驗的對象。基於同樣的理由，還可推出這樣的結論：不能想像的東西同樣也是不能被經驗的。如此一來，可行想像就與可行經驗有了同樣廣的範圍。如果我們想理解休謨的論證，那麼記住這一點是最關鍵的，因為他常常要我們去盡力想像某個東西，並且相信我們和他自己都不可能做到這一點。他斷定，所想像的

情況並不是一個可能的經驗對象。因此，經驗是由一系列接續性感知構成的。

除了這種接續性以外，感知之間從來不會產生別的關聯。笛卡兒的理性主義與洛克及其追隨者的經驗主義在這裡存在著根本的區別。理性主義者認為事物之間有著密切的內在關聯，並且堅持這些關聯是可知的。而休謨卻否定了這種關聯，他甚至還提出，即使有這種關聯，也必定永遠不可能為我們所認知。我們所能認知的一切只有接續性印象或理念，因此，甚至考慮是否存在其他更深的關聯，都是徒勞的。

根據休謨認識論的這些普遍性特徵，我們現在就可以更接近地考察他在其哲學中對一些主要問題所作的特殊論證。我們先從人格同一性的問題開始，《人性論》第一卷「論知性」的末尾討論了這一問題。休謨一開始就說：「有些哲學家設想我們隨時都會在內心深處意識到所謂的『自我』，感覺到『自我』的存在及其存在的接續性。『自我』的完整同一性和單純性都是無須驗證、確定無疑的。」但只要我們將其置於經驗之中，就可以看到，假設「自我」就是經驗的基礎是經不起驗證的。「不幸的是，所有這些斷言都恰恰違背了用來為自己作辯護的經驗 —— 按這種解釋，我們也就不可能有任何『自我』的理念。因為，從什麼樣的印象中才能得出這種理念來呢？」接著，休謨還證明了不可能得出這樣的印象，因而也就不可能有「自我」的理念。

還有一個更大的難點，就是我們無從知曉自己的特殊感知是怎樣與「自我」相關聯的。關於特殊感知，休謨以他獨特的方式論證說：「所有這一切都是不同的，它們既可以被分別考慮，也可以分別存在，而且它們的存在不需要任何東西來支持。那它們以什麼方式屬於自我，又以什麼方式與自我連結呢？對我來說，當我進入內心最深處的『我自己』

時，我總是會遇到各種特殊感知：熱或冷、明或暗、愛或恨、苦或樂。假如沒有某種感知，我任何時候也不可能掌握住『我自己』，永遠也不可能觀察到任何感知以外的東西。」隨後他又補充說：「如果任何人（在認真而不偏頗地反思之後）認為他有某種不同的『我自己』概念，那我就得承認我無法再和他討論下去。我能體諒的就是，他可能和我一樣正確，但我們在這個特殊問題上有著根本的區別。」不過很明顯，他把這樣的人當成了怪人，他說：「我可以冒昧地斷定，他人只是不同感知的集合體，這些感知以不可思議的速度彼此相連，而且處在某種運動之中。」

「心靈是一個劇場，各種不同的感知相繼登臺亮相。」不過這是有限定條件的，「以劇場作類比絕不應該使我們受到誤導。它們僅僅是具有接續性的感知而已（這些感知構成了心靈）。我們根本沒有任何在劇場裡演戲的概念，也沒有任何建構該劇場的材料概念。」人們之所以會錯誤地相信人格同一性，是因為我們傾向於把接續性理念和同一性理念混淆起來，這種情況在一個時期內沒有改變過。於是，我們就被導向了「靈魂」、「自我」、「實體」的概念，從而掩蓋了實際上存在於我們的接續性經驗中的變化。「因此，有關同一性的爭論並不只是措詞上的分歧。因為當我們把同一性賦予可變的或非接續性的對象時，我們的錯誤就不只是在表述上了，而是常常伴有某種虛構，虛構出了不變的、連續的事物，或者神祕的、令人費解的事物，或者我們至少有虛構的傾向」。隨即，休謨還進一步揭示了這種傾向發揮作用的過程，並且以其聯想心理學解釋了人格同一性的理念是如何隨之發生的。

隨後我們將討論聯想的原則。至於為什麼要詳盡地引用休謨的原文，他本人優美的文風就是充足的理由。另外，在休謨處理問題的方式面前，確實也沒有其他更好更清晰的表述方式了。總之，這種狀況為英

國的哲學創作開了一個可貴的先例，儘管也許永遠也不會再有人達到休謨的完美。休謨的因果論是我們必須考察的另一個主要問題。理性主義者認為，因果關聯是事物與生俱來的某種內在特徵。例如史賓諾沙就認為，如果以一種充分的方式來思考事物，那麼就有可能透過演繹顯示一切現象都必有其因果關係，儘管通常人們認為只有上帝才能具有這樣的想像力。按照休謨的理論，這樣的因果關係是不可知的，他所持的正是在批判人格同一性時所提出的理由。這種錯誤觀點的根源就在於，我們傾向於把某種序列中理念間的必然關聯歸於這種因果關係的本質。現在，理念間的關聯產生於聯想，而聯想則是由三種關係（相似性、時空銜接性和因果關係）導致的。休謨把這些關係稱為哲學關係，因為它們在理念的比較中發揮了作用。在某些方面，它們與洛克的反思理念是一致的。前面說過，當心靈對自身內容進行比較的時候，這種理念就產生了。在一定程度上，相似性絕不會介入所有的哲學關係，因為沒有相似性，就不可能有比較。休謨把這些關係細分為七種類型，即相似性、同一性、時空關係、數的關係、品質等級、對立性和因果關係。他特別挑出了同一性、時空關係和因果三種關係，並指出另外四種關係僅僅依賴於被比較的理念。比如，數的關係在一個給定的幾何圖形中，只能依賴於該圖形的理念。他還認為只有這四種關係才能產生知識的確定性。但對於同一性、時空關係和因果關係，我們就無法進行抽象推理，而必須依靠感官經驗。其中唯一真正具有推理作用的是因果關係，另外兩種關係都要依存於它。某個客體的同一性必須根據因果原則來推知，時空關係也是這樣。這裡需要注意的是，休謨常常不經意地陷入關於客體的一般說法中去，這時他的理論就要十分嚴格地迫使他只提及理念。

接著，休謨對如何從經驗中得出因果關係進行了心理學闡釋。假如

兩個給定種類的客體在感官知覺中出現恆定的關聯，那麼就會產生一種心靈習慣，從而使我們聯想到由印象產生的兩個理念。當這一習慣足夠強烈時，一個客體的現象（在感覺中僅僅是現象）就會在心靈中引發兩個理念的聯想，對於這種聯想來說，不存在任何確定或必然的東西，因此，可以說因果關係就是一種心靈的習慣。但是休謨的論述並不是完全一致的，因為我們在前面看到，他說聯想本身產生於因果關係，而在這裡卻又用聯想來解釋因果關係。但聯想主義者的原則作為心靈習慣如何形成的一種解釋，卻是一種有用的心理學解釋，並且一直具有非常大的影響。

對休謨來說，確實不可以提及心靈習慣或心靈傾向，至少不可以提到它們的形成。因為正如我們所知，在他的嚴格意義上，心靈僅僅是具有接續性的感知。所以，不可能有任何東西發展成為習慣，也不能說一系列感知實際上發展了某些形式，因為勉強的陳述意味著令人費解，除非我們能夠多少使這種陳述看起來不完全像某種巧合。現在，有一點顯然是正確的，正如理性主義者所要求的那樣，因的必然關聯不能從休謨的認識論中杜撰出來。因為無論我們所面臨的（客體）關聯是多麼恆定和有規律，我們都始終不能說：在一系列的印象之上產生了必然的印象，因而我們不可能認為必須有一個必然性理念。但由於有些理性主義者傾向於別的想法，因此一定有某種心理作用誤導了他們，心靈習慣恰巧就乘虛而入了。我們是如此習慣於從經驗中看到原因產生相應的結果，以至於我們最終一味地相信必然如此。如果我們接受了休謨的經驗主義，那麼最後這一步是不可能得到證明的。

透過制定一些「判斷因果的規則」，休謨結束了對因果關係的討論。他在這裡提前 100 年展望了密爾的歸納法準則。休謨在制定規則之前，

回顧了因果關係的主要特徵。「一切都能導致一切」，他這樣說，以此來提醒我們不存在必然關聯這類東西。規則一共八條，第一條是「因果必須具有時空鄰近性」；第二條是「原因必先於結果」；第三條是因果之間必定有恆定的關聯。後面這幾條則預示了密爾的準則。他在第四條中告訴我們，同樣的原因總是產生同樣的結果，而且這一原則是從經驗中來的；第五條指出，如果不同的原因能夠產生同樣的結果，那麼這些原因一定具有某個共同點；我們也可以推出第六條，不同的結果說明了不同的原因。剩下的兩條我們就不必在這裡討論了。

最後，休謨的認識論導致了某種懷疑論立場。我們在前面已經看到，古代的懷疑論者是那些反對創立形上學體系的人。我們絕不能根據他們之後的通俗意義來理解「懷疑論者」這個術語，「懷疑論者」的通俗含義是指某種經常性的猶豫不決，而其希臘文原意是指一個謹慎的探索者，凡是在體系創立者們覺得自己找到了答案的地方，懷疑論者卻不敢肯定，而是繼續觀望。隨著時間的流逝，使他們出名的並不是他們的繼續研究，而是他們的缺乏信心。從這個意義上看，休謨的哲學就是懷疑論的，因為他像懷疑論者一樣得出了如下結論：我們在日常生活中覺得毋庸置疑的明確事物，都得不到任何方式的證明。當然，我們絕不能以為懷疑論者在面臨生活中的現實問題時，也瞻前顧後，下不了決心。在闡述了懷疑論立場之後，休謨明確指出，這並不影響一個人的日常追求。「假如有人在這裡問我，我是否真誠地同意這個我曾費盡心機向人灌輸的論點，我是否真的也是一名懷疑論者，是否認為一切都無法確定，我們對於任何事物的判斷是否都不存在真理或謬誤。那麼我將告訴他，這個問題純粹是多餘的，無論是我還是任何別的人，都不會永遠忠實如一地持有那種見解。自然憑著某種無法阻擋的絕對必然性，已經決定了

我們既要去呼吸、感覺，又要去判斷……無論是誰熱衷於批判這種徹底懷疑論的不足，實際上都是在進行沒有對手的論戰……」

關於洛克提出的理念學說，休謨堅定地表達了這種理論最終會把我們引向何處。一旦離開了這一點，就無法再遵循這些路線。如果有人認為我們通常提到因果關係時，並不是指（我們的確是指）休謨所說的那種關係，那麼就必須找到一個新的起點。可以肯定的是，無論科學家還是普通人，都不會僅憑恆定的關聯來思考因果關係。對此，休謨的回答可能是：如果他們另有所指，那麼他們就全錯了。然而在這裡，他可能過分徹底地排斥了理性主義學說。正如我們在討論史賓諾沙時所看到的那樣，對科學家的實際工作進行了更好的描述的，恰恰就是理性主義本身。科學的目的在於透過演繹體系來揭示因果關係，而在演繹體系中，結果是由原因引起的，正如一個有效論證的結論源於它的必然性前提一樣。但是對於前提本身來說，休謨的批判仍然是正確的。對此，我們應該保持某種探索或懷疑的態度。

我們可以回顧一下，休謨主要對人的科學感興趣，在此，懷疑論立場導致了倫理學和宗教領域的劇烈變革。因為我們一旦證實了自己無法認知必然的關聯，即使用理性論證來證明倫理學原理，道德的力量也必定受到削弱。現在，倫理學的基礎雖然已經變得不如休謨的因果關係本身那麼牢靠，但根據休謨自己的說法，在實踐中，我們當然可以自由地採納自己所願意採納的任何觀點，儘管我們不能證明它。

第九章

啟蒙運動與浪漫主義

不列顛經驗主義運動的一個顯著的特徵，就是對那些遵從不同傳統的人持普遍的寬容態度。因此，洛克堅持要一視同仁地予以寬容，哪怕是對信奉「教宗至上」的信徒們也應該如此。儘管休謨嘲笑一般的宗教，尤其是羅馬天主教，但他卻反對容易導致鎮壓的「宗教狂熱」。這種普遍的開明態度逐漸成了當時學術氛圍的特徵。在 18 世紀，它首先在法國，而後又在德國站住了腳。啟蒙運動或後來德國人所謂的 Aufklärung（啟蒙思想），並非一直與哲學思想的某個特殊學派有關，實際上它是 16 世紀、17 世紀沒完沒了的宗教血腥衝突的產物。正如我們所知道的那樣，洛克和史賓諾沙都採納了宗教寬容的原則。同時，這種關於信仰問題的新態度還產生了深遠的政治影響，因為它必然會抵制一切領域的任意權威，君權神授是不可能贊同這種自由觀點的。在英國，政治鬥爭在 17 世紀末已經達到了白熱化的程度。由此導致的憲法實際上並不民主，但它卻擺脫了其他地方貴族統治所具有的某些無法無天的特徵，因而也就不大可能發生激烈的動亂。而在法國，情況則完全不同，啟蒙力量已經為西元 1789 年的大革命做了大量的準備工作。在德國，啟蒙運動幾乎仍是一個智力復甦的問題。「三十年戰爭」以後，德國只是在逐步振興，它在文化方面受到法國的支配。直到普魯士在腓特烈大帝[040]（Friedrich der Große）的統治下得以興起以及 18 世紀後半葉的文學得以復興，德國才開始擺脫對法國文化的依附。

　　啟蒙運動還與科學知識的傳播緊密相關。在過去按照亞里斯多德和教會的權威把許多東西視為理所當然的地方，現在遵從科學家的觀點已經成了時尚。就像在宗教領域，新教已經產生了每個人都應該獨立判斷

---

[040] 腓特烈二世（西元 1712 年 -1786 年），普魯士國王（西元 1740 年 -1786 年），史稱腓特烈大帝，軍事家，作曲家。在其統治時期，普魯士軍事大規模發展，領土擴張，文化藝術得到贊助，普魯士成為德意志的霸主。他是歐洲歷史上最偉大的統帥之一，在政治、經濟、哲學、法律，甚至音樂等諸多方面都頗有建樹。——譯者注

的思想一樣，現在在科學領域，人們也必須親自考察自然，而不應該再盲從那些陳腐學說的權威。西歐的生活正被科學探究的結果改變著。在法國，大革命 [041] 最終粉碎了舊有的制度，而 18 世紀的德國大體上還被「仁慈的」暴政約束著。在一定程度上，確實有言論自由的存在，儘管它絕不是想說就說，普魯士（如果去掉其軍事性質）或許就是最好的國家範例。無論如何，某種形式的自由主義已開始在知識界發展起來，腓特烈大帝自稱是國家的第一公僕，他主張，在自己的國家裡，人人都可以按自己的方式獲得拯救。

啟蒙運動主要是重新評估了獨立的思考，從字面上看，它主要是為了傳播光明，消除過去普遍的黑暗。人們可以憑著強烈的獻身精神致力於這種運動，但它並沒有因此成為崇尚熱情的生活方式。同時，人們還感受到了另一種對立的影響，即更為猛烈的浪漫主義力量。

在某些方面，浪漫主義運動與啟蒙運動的關係使人聯想到戴歐尼修斯傾向與阿波羅傾向 [042] 的對比。其來源可以追溯到古希臘人的某些理想化觀念，這一觀念曾經在文藝復興中再次出現過。在 18 世紀，法國浪漫主義運動反對理性主義思想家冷靜、超然、客觀的態度，逐漸轉化成了對情感的崇尚。自霍布斯起，理性主義者曾經試圖建立和維持社會的政治穩定，而浪漫主義者卻提倡一種有風險的生活。他們不求安穩，嚮往歷險；他們唾棄舒適與安全的生活，認為那是一種墮落；他們堅持認為，朝不保夕的生活方式在理論上無論如何也是一種更高貴的東西，並由此對貧苦農民產

---

[041] 西元 1789 年 -1799 年發生於法國的一場大革命。在這次大革命中，代表資產階級的民主黨人和共和黨人一起推翻了統治法國多個世紀的君主專制政體。——譯者注

[042] 戴歐尼修斯與阿波羅分別是古希臘神話傳說中的酒神和日神。布克哈特最早在《希臘文化史》中提出，這兩個神之間存在著一種對立與統一的關係，尼采則在《悲劇的誕生》中把這種關係發展到哲學和美學的高度，認為「藝術的持續發展是與日神和酒神的二元性密切相關的」，阿波羅和戴歐尼修斯於是成為理性和非理性、夢境和現實的痛苦、維持生命之力量和產生生命之力量的象徵。——譯者注

生了理想化的概念，認為農民雖然靠小塊田地得以勉強維持貧窮的生活，但卻得到了補償，也就是擺脫了都市文明的束縛和腐蝕。他們把接近自然看做一種獨特的美德，在這裡受到讚美的這種貧窮生活，實際上就是田園生活。早期浪漫主義者詛咒工業主義，的確，工業革命產生了社會和物質兩方面的醜惡後果。在其後的幾十年裡，在馬克思主義的影響下，人們逐漸對工業無產階級有了某種浪漫主義的看法。從那以後，產業工人正義的抱怨得到了伸張，關於「工人」的浪漫主義觀點至今仍留在政治學中。

　　與浪漫主義運動有關的還有國家主義[043]的復甦。科學與哲學的偉大嘗試基本上不帶什麼國家感情。啟蒙運動並不了解這類政治界線，即使在義大利和西班牙這樣的國家，啟蒙運動也不可能和天主教一同興旺。另一方面，浪漫主義卻加劇了國與國之間的差異，並且鼓勵神祕的國家概念，這是霍布斯《利維坦》一書不曾預料到的一個必然結果。國家逐漸被當做一個放大了的人，而且具有某種自己的意志，後來，導致了西元 1789 年大革命的各種勢力都受到了這種新國家主義的支配。英國由於幸運地擁有天然邊界，能夠在極為寬鬆的環境裡獲得某種國家感，它自己的地位在事態的變化中似乎是牢不可破的；而年輕的法蘭西共和國則四面受敵，也就不可能發展出如此自然的國家信念；德國的領土已被拿破崙的帝國軍隊吞併，當然就更不具備這樣的國家意識了。國家感情的迸發激起了西元 1813 年的解放戰爭，普魯士成了德國的國家主義振興之地。有意思的是，一些偉大的德國詩人預見到了這種國家主義將會導致災難性後果。

　　浪漫主義者拋棄了功利原則，而遵循美學標準。凡是他們的思想所

---

[043] 國家主義興起於近代，是關於國家主權、國家利益與國家安全問題的一種政治學說，其價值的歸依是國家。國家主義認為國家的正義性毋庸置疑，並以國家利益為神聖的本位，倡導所有國民在國家至上的信念引導下，抑制和放棄私我，共同為國家的獨立、主權、繁榮和強盛而努力。——譯者注

及，無論是行為、道德還是經濟問題，美學標準都得到了運用。自然中的事物，為他們所認可的正是那種壯烈的美。在他們眼裡，新興中產階級的生活太沉悶，而且受到了殘缺慣例的禁錮。他們的這類說法並不是完全沒有根據。如果說我們今天的觀念更為寬容的話，那麼這正是那些公然蔑視既定習俗的浪漫主義叛逆者的功勞。

在哲學領域，浪漫主義產生了兩種相反的影響。首先，它過分強調了理性和虔誠的希望，即我們只要對眼前的問題稍微用點心，一切困難就會一勞永逸地解決。17 世紀的思想家並不具有這種浪漫理性主義，但它卻出現在德國唯心主義者和後來的馬克思哲學裡。功利主義者也具有這一特色，他們設想人在理論上有無限的可教育性，但這顯然是不對的。一般來說，烏托邦概念不論是純思想的，還是關於社會問題的，都是浪漫理性主義的典型產物。而另一方面，過低地評價理性同樣是浪漫主義的一種表現。這種非理性主義的態度（臭名遠颺的一個品種或許就是存在主義）在某些方面是對工業社會日益侵犯個人自由的一種反抗。

浪漫主義首先得到了詩人的支持。最著名的浪漫主義者可能要算拜倫（Byron）了。在這裡，我們發現了構成徹底浪漫主義的全部要素：叛逆、反抗、蔑視陳規陋習、做事不顧後果和高貴的行為。其為了希臘的自由事業而死在了密索隆奇沼澤地，這是最偉大的浪漫主義姿態。拜倫影響了後來的德國和法國浪漫主義詩歌。俄國詩人萊蒙托夫（Mikhail Lermontov）也自稱是他的門徒。義大利也有一位偉大的浪漫主義詩人，即萊奧帕爾迪（Leopardi），他的作品反映了 19 世紀初義大利令人絕望的壓抑狀態。18 世紀啟蒙運動時期的偉大豐碑是由法國的一群作家和科學家編纂而成的百科全書。這些人有意識地背棄了宗教和形上學，而在科學中尋找新的知識動力，他們透過蒐集整理當時所有的科學知識，彙編成了這部浩瀚的鉅著

（不僅要按照字母順序記載知識，而且要論述研究世界的科學方法），這些作家希望在反對既定權威愚民政策的爭鬥中產生一種強而有力的工具。18世紀法國絕大多數著名的文學家和科學家都對這一事業有所貢獻，其中有兩位尤其值得一提。達朗貝爾（d'Alembert）（西元 1717 年 -1783 年）也許作為數學家最有名，他的名字命名了理論力學中的一條重要原理。但他是一位對哲學和文學懷有廣泛興趣的人，除了其他貢獻，百科全書的導論尤其要歸功於他。狄德羅（Diderot）（西元 1713 年 -1784 年）承擔了大部分的編輯工作，他是一位涉及多種學科的作家，並且摒棄了宗教的一切傳統形式。不過從廣義上看，百科全書派並不是非宗教的，狄德羅就持有近似於史賓諾沙的泛神論觀點。對百科全書做出過重要貢獻的伏爾泰[044]（Voltaire）曾經說過，假如上帝不存在，那我們就必須創造一個。的確，他強烈反對制度化的基督教，但同時又真的相信，假如人們過著善的生活，那麼某種超自然力量的目標就可以實現。這是某種形式的伯拉糾主義（不依附於任何常規和慣例）。同時，他還嘲笑了萊布尼茲的觀點，即我們的世界是一切可能的世界中最好的。他認為罪惡是一種必須與之爭鬥的實在物，因此，他與傳統宗教進行了激烈而艱難的爭鬥。

　　在否定宗教方面，法國的唯物主義者們更極端。他們的學說是對笛卡兒實體論的發展。我們知道，在心靈和物質的研究上，偶因論原理實際上已經使這一學說成為多餘，因為心靈和物質這兩個領域嚴格按照平行的方式運轉，我們可以省略其中的一個。拉美特利[045]（La Mettrie）的《人是機

---

[044] 伏爾泰（西元 1694 年 -1778 年），法國啟蒙思想家、文學家、哲學家。原名法蘭索瓦 - 馬利・阿魯埃，伏爾泰是其筆名。他是 18 世紀法國資產階級啟蒙運動的旗手，被譽為「法蘭西思想之王」「歐洲的良心」。—— 譯者注
[045] 拉美特利（西元 1709 年 -1751 年），法國啟蒙思想家、哲學家。他出生於一個富商家庭，起初學習神學，成為耶穌會牧師。後轉攻醫學，曾師從荷蘭傑出醫學家 H・布林哈維，深受機械主義醫學思想的影響。—— 譯者注

器》（*L'homme Machine*）是對唯物主義學說最好的解釋。拉美特利拋棄了笛卡兒的二元論，只允許一種實體的存在，就是物質。但這種物質並不具有早期機械論所認定的惰性，相反，它的一個主要特徵就是運動，並且不需要什麼原動力，上帝只是後來的拉普拉斯 [046]（Pierre-Simon Laplace）所說的一個「不必要的假設」。按照這種觀點，精神就是物質世界的一種功能。這一理論與萊布尼茲的「單子論」有一些關聯，儘管它認為只有一個實體，而萊布尼茲則認為單子的數量是無限多。然而把單子看做「靈魂」的觀點卻很像物質時刻具有心靈般的作用的概念。順便說一句，馬克思的「精神是肉體組織的副產品」的理論正是從這一泉源中推導出來的。

馬克思

[046] 拉普拉斯（西元 1749 年 -1827 年），法國數學家、天文學家、物理學家。——譯者注

唯物主義者在這個理論的基礎上，堅持了鮮明的無神論立場，任何形式的宗教都被認為是致命的、蓄意的謬誤，統治者和僧侶們為了自身的利益，就大力宣揚和鼓勵宗教信仰，因為愚昧無知的人更容易控制。當馬克思說宗教是「人民的鴉片」時，他也要在這裡感激唯物主義者。唯物主義者希望透過揭穿宗教和形上學的玄想，指出一條科學和理性的道路，以便引導人類進入人間天堂。百科全書派也持有這樣的觀點，並且再次啟發了馬克思的空想社會主義。然而他們在這方面，全都受到了浪漫主義幻覺的支配。

　　雖然對生活採取一種開明的態度，的確有助於我們找到克服困難的適當措施，但是在現世，要想找到一個永久性解決所有問題的終極辦法，顯然是不可能的。所有這些思想家都有一個相似之處，那就是強調了理性的卓越性。在宗教統治被法國大革命瓦解了之後，理性就被抬到了至高無上的地位，而且還專門為它設立了一個節日[047]。這實際上是對理性的一種神化。但同時，大革命又在某些問題上對理性缺乏尊重。在恐怖時期，「近代化學之父」拉瓦錫[048]（Antoine Lavoisier）受到了革命法庭的審判。他曾經是一名包稅人，事實上，他提出的一些財政改革意見還是有價值的。但他作為舊秩序的一名官吏，被認為犯下了反對人民的罪行。當有人強烈宣告他是最偉大的科學家之一時，法庭的回答是共和國不需要科學家。於是，拉瓦錫被送上了斷頭臺。

　　大百科全書在某些方面，堪稱 18 世紀啟蒙運動的象徵。它強調冷靜而理性的探討，旨在為人類開闢更為幸福的新前景。這一時期，與理性相對立的浪漫主義運動也得到了發展。浪漫主義的一個主要代表人物是

---

[047] 指耶穌聖誕節。——譯者注
[048] 拉瓦錫（西元 1743 年 -1794 年），法國著名化學家，近代化學的奠基人之一，提出「燃燒的氧學說」。——譯者注

尚‧雅各‧盧梭（西元 1712 年 -1778 年）。嚴格地說，他不能算一位哲學家。也許他的政治理論和教育著作應當除外，透過這些方面的工作和大量的文學活動，他對後來的浪漫主義運動產生了極大的影響。

我們在盧梭的《懺悔錄》（Confessions）中找到了關於他生平的記載，儘管這本書的敘述因其「詩人般的」隨意而多少有些不真實。盧梭生於日內瓦，是喀爾文教徒的後裔。他很小的時候就失去了雙親，由一位姑母撫養長大。自 12 歲離開學校起，他嘗試過很多不同的職業，但都不喜歡。16 歲那年，他離家出走了。在杜林，他改信了天主教。作為謀生的權宜之計，他一度堅持了這一信仰，並依附於一位貴婦，但這位夫人三個月之後就去世了，他的生活又一次陷入了窘迫。就在這時候，發生了一件著名的小事，這件事表現了一個完全感情用事者的倫理觀：有人在盧梭那裡發現了一條從主人那裡偷來的絲帶，盧梭卻說絲帶是一個女僕給他的，於是那個女僕立刻因偷竊而受到了懲罰。後來，盧梭在《懺悔錄》中告訴我們，是他自己出於對女僕的愛慕而偷了那條絲帶。當人們要求他做出解釋時，他首先想到的是這位女僕。盧梭對自己所做的偽證沒有任何悔恨的暗示，他的理由可能是自己這樣做並無惡意。

後來，他又投靠了同樣改信了天主教的德‧華倫夫人（Françoise-Louise de Warens）。這位貴婦比年輕的流浪漢盧梭要大許多，她同時充當了母親與情婦兩種角色，盧梭在她家裡住了 10 年之久。西元 1743 年，他做了法國駐威尼斯大使的祕書，但由於領不到薪水而辭職。大約西元 1745 年，他在巴黎邂逅了女僕泰蕾茲‧勒瓦瑟（Marie-Thérèse Levasseur），隨後就娶了她為妻，但他時時又與別的女人有染。勒瓦瑟為他生的五個孩子都被送進了育幼院。我們不清楚他為什麼會愛上這位女僕，她貧窮、醜陋、無知，而且很不誠實，但似乎正是她的缺陷使盧梭產生了優越感。

盧梭在西元 1750 年之前，還不能算一位名作家。就在這一年，第戎學院以藝術與科學是否有益於人類為題，舉辦了一次論文大賽，盧梭作為反方，以其精彩的論證獲了獎。他堅持認為文化教給人們各種非自然的需求，並使人們受到這些需求限制。他贊同斯巴達，反對雅典。科學遭到了他的詛咒，因為它產生於卑劣的動機。他認為文明人是腐化的，只有高尚的未開化者才具有真正的德行。盧梭在西元 1754 年出版的《論不平等》（*Discours sur l'origine et les fondements de l'inégalité parmi les hommes*）一書中進一步發展了這些觀點。第二年，他送了一本給伏爾泰，後者對他進行了大肆嘲諷，這種輕蔑終於使他們發生了爭執。

　　西元 1754 年，已經成名的盧梭應邀回到了故鄉日內瓦，為了獲得公民資格，他重新皈依了喀爾文教。西元 1762 年，他的《愛彌兒》（*Émile*）和《社會契約論》問世。前者論述了教育問題，後者含有他的政治理論。然而兩本書都遭了譴責，因為《愛彌兒》對自然宗教 [049] 的解釋導致了所有宗教團體的不快，《社會契約論》則具有民主傾向。盧梭先是逃亡到了當時隸屬於普魯士的諾夏特，後來又到了英國，並在那裡遇到了休謨，還獲得了喬治三世（George III）的一筆年金。但最後，他和所有的人都鬧翻了，還漸漸患上了迫害妄想症。回到巴黎之後，盧梭在貧困中度過了餘生。

　　反對理性，維護感情，盧梭的這種態度極大地影響了浪漫主義運動。除了其他方面，他還使新教神學走上了一條明顯不同於多瑪斯學說的新道路，後者繼承了古代哲學傳統。關於新教，盧梭的觀點免去了上帝存在的證明，並且認為即使不求助於理性，這種訊息也會從心底湧

---

[049] 自然宗教實質上是一種自由主義的自然神論。盧梭將宗教信仰的合理基礎置於個體經驗和道德情感之上，肯定了道德神學的唯一合法性。盧梭對「理性」和「自然」的重新理解，促使理性神學走向衰落，開啟了道德神學、自由主義神學和浪漫主義思潮的程序。── 譯者注

起。在倫理學方面，盧梭同樣堅決主張我們的自然感情朝著正確的方向，而理性則會將我們引入歧途。這種浪漫主義的學說自然是與柏拉圖、亞里斯多德及經院哲學完全對立的。這是一種極其危險的理論，因為它的隨意性太強，簡直是在鼓勵任何行為，只要這種行為有當事人的感情支持就行了。對自然宗教的說明只是《愛彌兒》的一個插曲，題目為「一個薩瓦牧師的懺悔」。從某種角度看，源自盧梭的新感傷主義神學是不可置疑的，因為它一開始就以奧卡姆的方式拋棄了理性。

《社會契約論》的風格完全不同。在這本書裡，盧梭達到了他理論的巔峰。人們一旦把權利交付給了整個社會，他們就會喪失所有的個人自由。的確，盧梭也允許存在某些保護性措施，認為個人可以保留某些自然權利，但這取決於不可靠的假設，即統治者事實上始終尊重這些權利。統治者的權威是至高無上的，他的意志就是「普遍意志」，這是一種合成的裁決，對於那些可能持不同意見的個人同樣有強制力。

盧梭的很多觀點都建立在普遍意志概念上，遺憾的是，他闡述得並不是很清楚。這一概念似乎是指除了相互衝突的個人利益，剩下的就是全體的人共享的「自身」利益。但盧梭並沒有繼續探究下去，直到得出最後的結論。一個遵循這一方向，尤其是懷有政治經濟目的的國家，將被迫禁止一切形式的民間組織，這樣一來，就具備了某種極權主義制度的全部要素。對於這一點，盧梭似乎也不是毫無覺察，但他卻沒有指出怎樣才能避免這種後果。至於他所討論的民主主義，我們應該這樣來理解，他考慮的是古代城邦，而不是代議制政府。當然，那些最早反對盧梭學說的人以及後來的革命領袖們（儘管支持該學說）都曲解了這本書。

我們知道，在笛卡兒之後，歐洲哲學出現了兩個不同的發展方向。一個是大陸哲學的各種理性主義體系，另一個是整體上的不列顛經驗主

義，兩者都是關注個人經驗的主觀主義哲學。洛克曾為自己定下一個任務，即為搞清楚人的心靈範圍而進行初步的探索。而休謨則極為明確地提出了怎樣解釋關係的大問題，休謨的答案是，我們養成的某些習慣使得我們看到了事物之間的關聯。嚴格地說，即使如此也超出了休謨可以陳述的範圍，但這種陳述還是暗示了解決困難的某種可能的方式。正是由於讀了休謨的書，康德才從教條主義的昏睡中清醒過來，他把休謨所說的習慣提高到了某種理性原則的高度，從而輕易地解決了休謨的問題，儘管他很自然地又陷入了自己的一些新的困境當中。伊曼努爾·康德（西元 1724 年 -1804 年）生於東普魯士的柯尼斯堡，他一生從未遠離過該城。早年的教育使他保持了虔信派的特徵，這個特徵不僅影響了他的生活方式，而且影響了其倫理學創作。康德曾在柯尼斯堡大學就讀，剛開始學習神學，最終轉向了哲學，並從中得到了真正的樂趣。有一個時期，他為了謀生而做了地主貴族子弟的私人導師，直到西元 1755 年獲得柯尼斯堡大學的講師職位為止。西元 1770 年，他晉升為邏輯學和形上學教授，並擔任這一職務直到去世。康德過的雖然不是嚴苛的苦行生活，但還是非常自律和勤勉。他的生活是如此有規律，以至於市民們常常以他路過的時間來對錶。他身體不算強壯，但也沒什麼病，原因就是生活有規律。同時，他還非常健談，總是在各種社交集會上受到人們的歡迎。在政治上，康德完全接受了啟蒙運動傳統，是一位自由主義者。他在宗教上堅持一種非正統的新教立場。他還支持法國大革命和共和國原則。他雖然一生都不富有，但卻以自己偉大的哲學著作而聲名卓著。康德晚年時已經心力衰竭，但柯尼斯堡人仍然以他為榮。他去世後，人們為他舉行了隆重的葬禮，他所獲得的這種榮譽的確很少有其他哲學家獲得過。

康德畫像

康德著作涵蓋的內容很廣泛,他曾在某些時候講授過所有這些問題。在這裡,我們要特別留意康德的批判哲學。批判性問題最初是由洛克提出來討論的,他的願望是掃淨地面,打下基礎。但是在洛克之後,理念的方式不可避免地導致了休謨的懷疑主義。在這方面,康德發動了一場他所謂的哥白尼革命。和休謨不同,他並沒有試圖用經驗來解釋概念,而是一開始就用概念來解釋經驗。從某種意義上,我們可以說康德哲學在不列顛經驗主義的極端立場和笛卡兒理性主義的先天原則之間保持了某種平衡。康德的理論十分複雜,令人費解,而且很多地方值得懷疑,但是,如果我們要想理解他的學說對後來哲學產生的重大影響,那麼就必須盡力掌握它的整體輪廓。

與休謨及經驗主義者一樣,康德也認為一切知識都來自經驗,不同的是,他為這一觀點加上了一條重要的評論:我們應該把實際產生知識的東西和這些知識所採取的形式區分開來。因此,雖然知識可以來自經驗,但又不完全來自經驗。也就是說,感官經驗是產生知識的必要條件,但不是充分條件。康德可能會認為,知識所採取的形式以及將經驗素材轉化為知識的組織原則本身並不來自於經驗。他雖然並沒有這麼說,但它們顯然就是笛卡兒意義上的先天原則。

心靈所提供的理性使經驗形成了知識。康德採用了亞里斯多德的術語,把理性的普遍概念稱為範疇。由於知識具有命題的性質,所以這些

範疇必須與命題的形式相關聯。不過在揭示康德如何推導出範疇之前，我們先來探討一下有關命題分類的重要問題。追隨萊布尼茲的康德堅持了傳統的亞里斯多德主謂邏輯。他真的以為自己的邏輯是完整的，不必再作進一步的完善了。這樣，所有的命題就可以分為兩類，一類是主語已經包含謂語，另一類則不包含。「所有物體都具有廣延性」就屬於前一類，因為它涉及物體如何被定義。這類命題被稱為分析命題，它們只解釋詞語。而「所有物體都有重量」則屬於後一類，因為物體概念本身並不包括重量概念。這是一個綜合命題，它可以被否定而不會導致自相矛盾。康德在提出這一命題區分方式的同時，還提出了另一種分類標準。他把原則上獨立於經驗的知識稱為「先驗的」，而把其他所有來自於經驗的知識稱為「後驗的」。關鍵在於，這兩種分類彼此交叉。康德正是透過這種方式來脫離經驗主義者的困境的，而後者，比如休謨，可能曾經混淆了這兩種分類。

　　分析命題涵蓋了先驗知識，而綜合命題則與後驗知識相關。的確，康德承認前者，但同時又堅持存在著先驗的綜合命題。《純粹理性批判》（*Kritik der reinen Vernunft*）一書的主旨就是要確定先驗的綜合命題怎樣才有可能存在。具體地說，康德在這裡竭力想要證明的是純粹數學的可能性，因為按他的說法，數學命題就是先驗的綜合命題。他討論的例子就是一道算術題：5＋7。這個例子無疑是來自柏拉圖的《泰阿泰德篇》，該篇用的也是同樣的數字。5＋7＝12 這個命題就是先驗的，因為它並不來自經驗，但同時它又是綜合的，因為「12」這個概念並不包含在「5」、「7」和「10」的概念之內。以此為根據，康德堅持認為數學是先驗綜合的。另一個重要例子就是因果論原則：休謨的解釋在「必然關聯」這道障礙面前出了差錯，因為根據印象和理念的理論，必然關聯是不可

能的。對康德來說，因果論就是一種先驗的綜合原則。之所以稱它為先驗的，只是為了強調休謨的觀點，即它不可能來自經驗。但康德並沒有把它說成是某種外在的習慣性條件，而是把它看做一種認識原則。它之所以是綜合的，是因為我們可以否定它，又不至於陷入語言上的自相矛盾。正如我們稍後將了解到的那樣，它是一種先驗的綜合原則，知識離開了它，就會被認為是不可能的。

現在，我們可以轉向康德的範疇論了。範疇不是數學概念，而是先驗的認知概念，如前所示，它們只能在命題的形式中發現。如果我們接受了康德的邏輯觀，那麼範疇的一覽表似乎就自然地隨之而來了。康德的確認為自己找到了一種推導範疇完整名單的方法。首先，他對命題的某些傳統形式特徵作了區分，如數量、品質、關係和模態。對於數量，自亞里斯多德以來的邏輯家們已經發現了全稱命題、特稱命題和單稱命題。與此相對應的是單一性範疇、多樣性範疇和全體性範疇。一個命題的性質可以是肯定的，也可以是否定的和限定的，與此對應的分別是範疇的實在性、否定性和限制性。在關係特徵方面，我們可以把命題分成定言、假言和選言三類，相對應的則是實體和偶性範疇、原因和結果範疇、相互作用範疇。最後，命題根據其模態可分為蓋然命題、實然命題和必然命題三種，與此相對應的是可能性與非可能性範疇、存在性與非存在性範疇、必然性與偶然性範疇。

在這裡，我們即使不去考察康德的演繹細節，也不難看出，康德的範疇表並不像他所想像的那麼完整，因為它依賴了一些狹隘的邏輯觀點。不過，這種並非來自經驗，卻又在經驗領域發揮作用的「一般概念」的見解還是頗具哲學趣味的。它對休謨的問題給出了一種答案，儘管康德的說明也許並不能為人們所接受。

從形式化思索中演繹出範疇一覽表之後，康德繼續指出：假如沒有範疇，就不可能有任何可交流的經驗。因此，在感官印象轉化為知識之前，我們必須透過知性活動，以某種方式來整理或綜合這些印象。我們在這裡探討的是認識論問題，為了解釋康德的觀點，就必須了解他的術語用法。他說認識的過程一方面涉及感官，另一方面涉及知性，感官只是受到來自外界的經驗的衝擊，而知性則把這些感覺因素組合起來。後來黑格爾在某個地方表示，應該把知性與理性區分開來。他認為理性使人們聯合，而知性則使人們分離。可以說，人都是理性的，或者都具有理性，從這個意義上看，人們都是平等的；而在知性方面，人們卻是不平等的，因為知性是能動的智力，誰都知道，人們在這種智力方面的確是有高有低的。

　　為了以一種可以在判斷中系統闡釋的方式來獲得經驗，就必須用到康德所謂的知覺統一性。顯然，光有休謨彼此分離的印象是不夠的，無論它們具有多高的接續性。康德肯定了某種連續性，以取代經驗主義「感官經驗」的斷續性。根據康德的觀點，如果不透過範疇的架構，我們就不可能獲得任何永恆事物的經驗，因此，範疇發揮作用就是這些經驗的一個必備條件。的確，範疇不是一個充分條件，因為感官也必須發揮作用。不過範疇也參與了進來，這樣一來，康德似乎想否認純粹經驗（僅僅是被動地接受印象）的可能性，除非我們真的涉及了不可言傳的意識流。

　　康德認為空間和時間是兩個先驗的特殊概念，分別屬於外部感官和內部感官的純粹直覺。他對這些問題的論述非常複雜，而且在整體上，其論證也不大有說服力。這一理論的主要觀點似乎是：假如離開了先驗的時空概念，就不可能有經驗。在這裡，空間和時間有點近似於範疇。

經驗因此而受到了先驗概念的影響，但產生經驗的東西仍然受心靈之外事物的制約。康德把經驗的這些源頭叫做「物自體」或「本體」，這和表象或現象是相對立的。按照康德的理論，我們不可能體驗到一個物自體，因為一切經驗都是與空間、時間和範疇同時發生的。我們頂多可以推斷某些東西來自假定的外部印象泉源。但嚴格地說，即使這樣也是不可能的，因為缺乏獨立的方式來證實這些泉源的存在。即使能，我們也還是不能說它們正在使我們產生感官印象。因為，在談到因果關係時，我們已經處於先驗性概念（正在知性內部發揮作用）的網絡之中了。在此，我們又一次面臨了洛克的困難。因為，正如洛克不該按照自己的理論說外部世界產生了感覺理念一樣，康德也沒有權力說本體產生了現象。

處於時空之外的物自體是形上學的一部分內容。儘管它是一種有點主觀的認識論，但卻保證了我們可以避開懷疑論，並承認某種至少是主觀的經驗領域。康德不得不持這種立場，因為他不承認時空的獨立存在。一旦把這兩者從先驗性概念的名單中刪除，物自體就成了多餘的東西。這一點當然可以做得到，也不會危及康德的範疇論。但整體而言，康德需要物自體還有另一個理由。我們即將討論他的倫理學，其中就包含了這個理由的線索。同時，我們還必須注意到，物自體完全處在了先驗性概念和原則的範圍之外。投機地運用這些概念的危險之一就是我們可能踰越其適用範圍，先驗性概念的界限也就是經驗領域的界限。如果我們再進行下去，那麼就會陷入徒勞的形上學和「辯證法」之中，在康德眼裡，辯證法是帶有貶義的。

《純粹理性批判》只討論了我們必須解決的三個主要問題中的一個。它為「認知力」設定了限度，卻沒有論及「意志力」和他所謂的「判斷

力」。前者屬於倫理學範圍，《實踐理性批判》（*Kritik der praktischen Vernunft*）對它進行了探討。而「判斷力」的含義是去評價目的或結果，它是《判斷力批判》（*Kritik der Urteilskraft*）一書的主題，我們在這裡就不作考察了。但我們必須簡要地考察一下康德的倫理學理論，《實踐理性批判》和《道德形上學》（*Die Metaphysik der Sitten*）兩本書都討論了這一理論。

　　意志力所致的行動是實踐性的，而認知力的過程則是理論性的，兩者形成了對比。我們必須按希臘文原義來理解這裡的「理論」和「實踐」，它們分別表示「看」與「做」。實踐理性的基本問題是：我們應當怎樣去做？在這裡，康德還提出了一些革命性的東西。如果說倫理學歷來都假定意志受外部影響支配的話，那麼康德就設想意志為自身確定了法則。從這個意義上，意志就可以被說成是自治的東西。如果我們想要找到行動的一般性原則，卻又去尋找外部目標或原因，那麼這個願望就無法實現；相反，如果要揭示康德所謂的道德法則，我們就必須在自身尋找答案。但是，這種道德法則顯然不可能包括具體的條款，它不可能告訴我們在任何既定的情形下應當如何去做，因為根據自治的原則，這正是我們必須避免的。這樣一來，就只剩下了一種缺乏經驗內容的純形式的原則，康德把這種原則叫做「絕對規則」。這裡還有另一種混合的概念，在理性的實際運用中，它與理性的理論運用中的先驗假設相對應。在傳統的邏輯裡，絕對論式和規則論式是相互排斥的，但康德認為，有些包含著「應該」的陳述可以是無條件的，這也就是他所謂的「絕對規則」。因而，他在下述「絕對規則」中發現了倫理學的最高原則：行動時始終要使指導自己意志的原則能夠成為普遍規律的基礎。這個有點道貌岸然的說法實際上只是一種浮誇罷了，也就是希望「我對人做了什麼，人也對我做什麼」，這是一種否定了特殊辯解的原則。

我們發現，建立在康德倫理學基礎之上的「絕對規則」，是一種形式原則，它本身不屬於理論的理性範疇，因為理性是與現象相關的。由此，康德得出一個結論，由這種「絕對規則」確定的善的意志必定是本體的。在這裡，我們終於看到了本體所發揮的作用。現象遵從於範疇論，尤其是因果範疇論；而另一方面，本體卻不服從這些限制。康德透過這種方式避開了自由意志對立於確定論的難題。從人屬於現象世界的意義上說，人是由世界的法則所確定的；但人作為一種道德力量，則是本體的，因而具有自由意志。這種解決方法的確很新奇，儘管它必然會與「物自體」概念一起崩潰。康德的倫理學在一定程度上具有喀爾文教徒正直而嚴峻的傾向。很顯然，唯一有價值的就是我們的行動應該受到正確原則的支配。按照這種說法，如果在道義上應該做，於是我們就喜歡做，這種想法完全成了道德行為的一個障礙。假如我喜歡我的鄰居，於是在他有困難的時候，我就覺得應該幫助他。按照康德的原則，這是不值得稱道的，它簡直就是把同樣的仁慈態度延伸到了另一個非常討厭的人那裡。因為事情變成了一系列並非出於願望，而是依據倫理原則來履行的令人不快和憂鬱的義務。行動者做事應該出於善的意志，只有善的意志才能稱為無條件的善。

　　我們不能總是受一時衝動的擺布，這當然是十分正確的。很多時候，我們也確實在按原則辦事，即使是違背了自己的初衷。但是，如果一個人所有的行動都要這樣受原則的限制，也是很奇怪的。康德之所以持這樣的觀點，可能是因為他基本上過著一種極為理論性的生活。否則他就可能會發現，在個人感情的領域可能有許多我們可以恰當地稱之為善的東西，而並不存在一切都必須變成普遍規律的問題。而且，康德的倫理學還容易受到某種更為嚴厲的批駁。他認為，假如有價值的是心境

第九章　啟蒙運動與浪漫主義

和意向，那麼你就能夠心甘情願地陷入徹底的困境，只要你覺得這是你的責任。至於你的行動會帶來什麼樣的痛苦後果，則是無關緊要的。蘇格拉底說過，最大的惡是無知，這句話完全可以用來告誡那些為這種倫理觀辯護的人。

關於「物自體」在倫理上的作用以及進一步的推論，康德在《純粹理性批判》中指出，在理論理性的領域，是不可能透過論證來證明上帝存在的。純粹理性的思辨活動的確容許了上帝存在的理念，但只有實踐理性才能為這種信念提供依據。實際上，在實踐的範圍內，我們不得不接受這個概念，因為離了它，我們就無法進行適當的道德活動。對康德來說，按照道德的「絕對規則」行事的可能性，實際上就暗示了上帝的存在。

康德的理論在某種意義上畫出了一條讓人聯想到奧卡姆的分界線，因為《純粹理性批判》旨在替知識畫出界限，以便為信仰留出餘地。「上帝存在」不能作為一條理論上的真理為人所知，但它卻可以作為一種實用信仰強加於人，而且始終具有理論和實踐的意義。但是，康德的倫理學卻不允許他遵從任何宗教教條。因為正如我們所知，只有道德準則才是真正重要的，各種宗教的具體教義都被錯誤地說成是神授的。雖然康德認為基督教是一個真正符合道德規範的宗教，但他的宗教觀點仍然受到了普魯士政府的譴責。

西元 1795 年出版的小冊子《論永久和平》（*Zum ewigen Frieden*）提出了和平和國際合作的觀點，對於康德的時代來說，這同樣是激進的。他的主導概念中還包括了代議制政府和世界聯盟。在我們這個時代，最好還是牢記這些觀點。

我們知道，康德的哲學曾對休謨的問題給出了某種答案，但也付出了接受本體概念的代價。在德國的唯心主義運動中，康德的繼承者們活

躍地論證這一概念的缺陷，儘管他們自己在認識論中的發展也存在著問題。

唯物主義者曾指出過一種避免二元論的方法，他們認為心靈是某種物質組織的伴隨物。另一種可能的觀點則完全相反，即在某種意義上把外部世界視為心靈的產物。假定了本體的康德不願意走這最後一步，而費希特（Johann Gottlieb Fichte）卻審慎周密地選擇了它。

費希特（西元 1762 年 -1814 年）自小家境貧困，他從小學到大學都得到了某位庇護人的慷慨資助。此後，他靠當私人導師來維持拮据的生活。當他偶然讀到康德的著作時，就立刻去找這位偉大的哲學家。在後者的幫助下，他發表了一篇關於啟示的批判論文。論文一舉獲得成功，費希特也因此成了耶拿大學的教授。然而他的宗教觀點卻不受當局的歡迎。於是他去了柏林，並在政府中任職。西元 1808 年，他發表了一系列演說，這就是著名的《對德意志民族的演講》（*Reden an die deutsche Nation*），他號召全體德國人團結起來抵抗拿破崙。這些演說多少帶有強烈的德意志國家主義色彩。根據費希特的觀點，「做有骨氣的人和做德國人無疑是同一件事」。不知他認為這是一個經驗性的事實呢，還是一個恰當的詞語定義？如果是前者，這還是一個有待商榷的問題，如果作為一個定義，似乎就有些離譜了。

費希特在西元 1810 年柏林大學建立的時候，成了該校的教授，並任該職直到去世。西元 1813 年解放戰爭爆發後，他把自己的學生送到前線去和法國人作戰。他和許多人一樣，也曾是法國大革命的支持者，但卻反對拿破崙對革命的破壞。

在政治思想方面，費希特展望了馬克思「國家控制生產和分配的社會主義經濟」的概念。但在我們的討論中，他的「自我」學說更有哲學趣味。

該學說主要是對抗康德的二元論。在某些方面，「自我」等同於康德的知覺統一性，按照康德的解釋，它是一種自治的、能動的東西，經驗世界則是「自我」的一種無意識的投射，費希特稱之為「非我」。他說，正因為投射不是有意識的，所以我們才會誤以為自己受到了外部世界的制約。至於「物自體」，這個問題永遠不可能出現，因為我們所認知的全都是現象。如果說到本體，就會自相矛盾，就像根據定義去認知不可知的東西一樣。投射不僅是無意識的，而且還是無條件的，因為它不被經驗，也不由因果論範疇來認定。作為一種自由的過程，它源於「自我」的實踐和道德本質。在這裡，「實踐」一詞要按其原義來理解。只有透過這種方式，激發「自我」的能動原則才可能發揮作用，以便和「自我」本身的投射達成協調。

這個極具想像力的理論的確避免了二元論的難點。正如我們在後面將看到的，它是黑格爾主義的先行者。該理論的推論之一就是，肯定有可能從「自我」中造出一個世界來。謝林（Friedrich Wilhelm Joseph von Schelling）就作了首次嘗試，他的自然哲學後來啟發了黑格爾。

和黑格爾以及浪漫主義詩人賀德林[050]（Johann Christian Friedrich Hölderlin）一樣，謝林（西元 1775 年 -1854 年）的原籍也是施瓦本。他 15 歲進入圖賓根大學時，和前兩位成了朋友。他所受到的主要哲學影響來自康德和費希特。才華過人、文筆典雅的謝林，不到 23 歲就獲得了耶拿大學的教授職位。於是，他逐漸結識了浪漫主義詩人蒂克[051]（Johann Ludwig Tieck）、諾瓦利斯[052]（Novalis）和施萊格爾兩兄弟 —— 奧古斯特（August Schlegel）

---

[050] 賀德林（西元 1770 年 -1843 年），德國詩人，古典浪漫派詩歌的先驅。 —— 譯者注
[051] 蒂克（西元 1773 年 -1853 年），德國作家，其主要作品多讚頌中世紀和天主教社會。 —— 譯者注
[052] 諾瓦利斯（西元 1772 年 -1801 年），德國消極浪漫主義作家，鼓吹恢復中世紀封建制度和天主教教會的統治，敵視啟蒙運動和西元 1789 年法國革命。其作品中帶有濃厚的神祕主義色彩。 —— 譯者注

和腓特烈[053]（Friedrich Schlegel）。奧古斯特曾和蒂克一起將莎士比亞（William Shakespeare）著作譯成了德文，他的妻子和他離婚後又嫁給了謝林，儘管謝林比她小 12 歲。謝林對科學有濃厚的興趣，而且很了解科學的最新進展。25 歲之前，他曾出版了《一種自然哲學的觀念》（*Ideen zu einer Philosophie der Natur*）一書，該書主要是對自然進行了先驗性解釋。謝林並沒有忽視經驗科學的實際地位，但他事後的確認為，肯定有可能從非經驗的普遍原則中演繹出這些結果來。他的這種嘗試帶有史賓諾沙理性主義的色彩，並且結合了費希特的能動性概念。謝林設想自己試圖推導出的先驗世界就是能動的，而經驗科學的世界則似乎是僵死的。後來的黑格爾採用了這一方法。對於當代讀者來說，對科學問題作這種玄妙而深入的思辨簡直是莫名其妙。在這些論述中有大量空洞的話和荒唐的細節，再加上別的一些原因，使後來的唯心主義哲學一度落到了臭名昭彰的地步。

莎士比亞

[053] 奧古斯特·施萊格爾（西元 1767 年 -1845 年）和腓特烈·施萊格爾（西元 1772 年 -1829 年），德國文藝理論家、語言學家、翻譯家。二人合辦《雅典女神神殿雜誌》，宣傳消極浪漫主義文藝理論，反對啟蒙運動。──譯者注

不過值得注意的是，謝林本人在晚年也逐漸摒棄了這種哲學思辨。經歷了早年階段之後，謝林的興趣已經轉向了宗教神祕主義。那時候他的第一位妻子已經去世，自己又和黑格爾鬧翻了。西元 1841 年，謝林應邀為法國哲學家維克多·庫辛[054]（Victor Cousin）著作的德譯本作序時，他藉機猛烈抨擊了黑格爾的自然哲學。雖然沒有指名道姓，黑格爾也早已亡故，但謝林的意圖是十分清楚的。在這裡，謝林強而有力地否定了從先驗原則中演繹出經驗事實的可能性。至於他是否意識到了這樣做不僅破壞了黑格爾的理論，而且也損害了自己的自然哲學，那就無從知曉了。

　　在費希特和謝林的著作裡，我們都找到了黑格爾後來用於辯證法的種種形式。在費希特那裡，我們看到了「自我」如何承擔起戰勝「非我」的使命。而在謝林的自然哲學裡，則有著兩極對立面及其統一性的基本概念，這一概念更為明顯地預示了辯證法。不過追溯起來，辯證法的起源還是康德的範疇論一覽表。康德解釋道，每組範疇的第三項都是對第一項和第二項的組合，而第一項與第二項又是相互對立的。因此，在某種意義上，單一性是多樣性的對立面；而全體性則包含了許多單元，它把前兩個概念統一起來了。

　　德國唯心主義哲學在黑格爾那裡獲得了它最終的體系。黑格爾從費希特和早年的謝林那裡獲得啟發之後，建構了一座哲學大廈，儘管它不那麼可靠，但仍然具有趣味性和指導性。另外，黑格爾主義不僅對德國，而且對英國同一個時代的思想家都產生了廣泛影響。尤其是在馬克思和恩格斯（Friedrich Engels）的辯證唯物主義中，黑格爾哲學得以保留

---

[054] 維克多·庫辛（西元 1792 年 -1867 年），法國著名哲學家，唯靈論者，折中主義理論的創始人——譯者注

下來，而馬克思為黑格爾哲學的站不住腳提供了一個最好的例證。但從整體上說，法國並沒有追隨黑格爾哲學，也許是由於原著過於晦澀，妨礙了它被翻譯成清晰明瞭的法文。

黑格爾（西元 1770 年 -1831 年）出生於斯圖加特，他和謝林同時就讀於圖賓根大學。有一個時期，他一直在當家庭導師。西元 1801 年，他和謝林一起到了耶拿大學。5 年後，也就是耶拿戰役前夕，黑格爾在這裡完成了《精神現象學》（*Phänomenologie des Geistes*）。在法軍戰勝前，他離開了，後來做了幾年編輯，又擔任了紐倫堡中學校長，在那裡完成了《大邏輯》（*Wissenschaft der Logik*）的寫作。西元 1816 年，他被海德堡大學聘為教授，並在那裡寫成了《哲學全書》（*Enzyklopaedie der philosophischen Wissenschaften*）。西元 1818 年，他擔任柏林大學哲學教授，此後一直留在這裡。黑格爾對普魯士極為崇拜，其哲學隨即成為官方學說。

在所有哲學文獻中，黑格爾的著作是最難懂的。這不僅與其所討論的題目的性質有關，而且也源自他那種冗繁的文風。雖然偶有一些令人寬慰的妙喻，但其普遍性的晦澀讓人撓頭。要想明白黑格爾想要說些什麼，回顧一下康德在理論和實踐這兩個概念之間所作的區別或許是必要的。然後可以說，黑格爾哲學是堅持實踐第一性的，此處的「實踐」要照其本義去理解。為此，黑格爾對歷史和人類所有努力的歷史性質尤為強調。這或多或少受了康德、費希特和謝林的辯證法的影響。在黑格爾眼中，其可信性無疑源於對一系列歷史程序的拉鋸式發展所作的回顧。值得一提的是，如同前文所述，前蘇格拉底哲學的成長似乎就是基於此種模式，黑格爾只不過將其提高到了歷史解釋原則的地位罷了。退而言之，就辯證程序本身來說，從兩種對立的要求到某種妥協性解決也是不

無益處的。不過，很顯然，認可歷史事件的發生模式是一回事，而根據此項原則去演繹歷史事件，則完全是另外一回事。謝林對自然哲學的批判於此同樣適用。

在一些方面，辯證法會引起人對蘇格拉底追求善的形式的聯想。黑格爾所說的絕對理念正好與之對應。就像在破除特殊的假設之後，蘇格拉底的辯證法最終所通向善的形式一般，黑格爾的辯證法也上升到了理念高度。在《大邏輯》裡，幸而總算對這個過程有所說明。應當記住，在黑格爾眼中，邏輯學與形上學實為同義詞。於是在這個題目下，我們看到了關於範疇的一種說明，它們是透過正、反、合的辯證程序互相構造出來的。這一學說顯然受到了康德範疇論的啟發，康德也把「單一性」範疇當做了出發點。此後，黑格爾就走了自己的路，構築出了一長串有些隨意的範疇，直到提出絕對理念為止。至此，我們轉了一圈後，又回到了單一性問題上來。從某個角度看，黑格爾把絕對理念當做完整和正確論證的一種保障。實際上，絕對理念最終成了「單一性」範疇的最高範例，一切差異都在其中淹沒了。

我們理解了導向「絕對理念」的辯證過程，就能夠更為全面地掌握這個令人費解的概念。要想用簡單的語言來進行解釋，不僅黑格爾做不到，任何人也必然是做不到的。但黑格爾的著作充斥著明顯的例證，他在這裡就借用了其中的一個。他所作的比較是：一個人的「絕對理念」未曾經過辯證的證實；而另一個人正相反。這正如禱告對於孩子和老人來說具有不同意義一樣，雖然他們都在唸著同樣的句子，但這些句子在孩子看來只不過是某種喧鬧；而對於老人來說，卻喚起了人生歷程的回憶。

辯證法原則因此認為絕對理念（辯證程序在這裡到達終點）是唯一

的現實。特別是在這方面，黑格爾受了史賓諾沙的影響。他的推論是，整體裡的片段本身不具有任何現實性或意義，只有當它和整個宇宙相連起來時，才可能具有意義。看來，我們似乎要冒險接受這個獨特的命題：絕對理念是實在的。只有整體才是真的，任何部分的東西只具有部分真實性。而在黑格爾的作品裡，絕對理念的定義是如此晦澀，簡直像毫無價值一樣。但它的主旨卻十分簡單明瞭，在黑格爾看來，絕對理念即自我思維的理念。

這是一件形上學的陳列品，它在某些地方相當於亞里斯多德的上帝，是一個隱藏在自身思維中的孤單的、不可知的實體。在別的一些方面，它也使人聯想到史賓諾沙的上帝，這個上帝等同於宇宙。和史賓諾沙一樣，黑格爾也拋棄了一切形式的二元論。由於他像費希特一樣，也從心靈入手，因此會採用理念來論述問題。

黑格爾把這種普遍的形上學理論應用到了歷史中。該理論可以適用於歷史的某些普遍模式，這當然並不奇怪，因為黑格爾的辯證法原則正是從歷史中演繹出來的。但是，正如我們前面提到過的那樣，對於事件具體細節的解釋是不應該採用這種先驗方式的。另外，在歷史中通向「絕對理念」的辯證程序，還為一些赤裸裸的國家主義宣傳提供了機會。在黑格爾時代的普魯士國家裡，歷史似乎已經達到了最終階段。這就是黑格爾在《歷史哲學》（*Vorlesungen über die Philosophie der Weltge-schichte*）裡得出的結論，現在看來，這位辯證法大師的推論未免有些草率和倉促。

同樣的論證模式還使得黑格爾贊同用極權主義的方式來組織國家。根據黑格爾的觀點，在歷史程式中，精神的發展首先是德意志人的任務，因為只有他們才能理解自由的普遍範圍。這裡的白由不是一個否定

性概念，而是指必須和某個法典相關聯。我們可以在這一點上贊同黑格爾，但我們不能像黑格爾那樣由此推斷，有法律的地方就有自由。如果是這樣，「自由」就成了「守法」的同義詞，這與普通人的觀點是相違背的。同時，黑格爾的自由概念中還有一個可貴的暗示：如果一個人由於不願意承認磚頭比腦袋硬，就習慣性地用腦袋去撞磚牆，那麼我們可以說這個人固執，而不能說這就是自由。從這個意義上說，自由就是去認識世界的本來面目，而不是去幻想或掌握必然性的運動。我們知道，赫拉克利特早已預見了這一觀點。不過，當涉及普魯士的具體法律時，似乎沒有理由可以表示這些法律具有邏輯上的必然性。為了維護其必然性，只要像黑格爾所贊同的那樣，命令軟弱的公民盲從於國家的法令就行了。他的自由就是，要他做什麼就做什麼。

　　歷史考察的另一個特徵也啟發了辯證法，因為它強調了對立勢力之間爭鬥的一面。像赫拉克利特一樣，黑格爾也特別重視衝突。他甚至指出，戰爭比和平更有道德上的優越性，如果國家沒有對手，那麼人們就會在道德方面變得虛弱和頹廢。在這裡，黑格爾顯然想到了赫拉克利特的名言：戰爭乃一切之父。他拋棄了康德的「世界聯盟」概念，也反對維也納會議產生的神聖同盟。關於政治與歷史的全部討論，都由於黑格爾對政治史的片面興趣而受到了歪曲。他在這方面缺乏維柯的廣闊視野，維柯看到了藝術和科學的重要性。只有從一種狹隘的政治觀點出發，黑格爾才可能得出下述的結論：外來之敵人對於一個國家的道德健康至關重要。如果把眼光放遠一些，人們就會清楚地發現，在任何一個特定的社會裡，公民們都有充分的機會來表現自己健康的尚武精神。認為國與國之間的爭端必須透過戰爭來解決的觀點隱含了一種假設，即國與國之間不可能達成社會契約，在彼此的交流中，它們必須順其自然地

崇尚強權。在這個問題上，康德的洞察力要明顯強於黑格爾。因為我們這個時代已經證明，戰爭最終將會導致世界性的毀滅。這的確是一個極端的辯證法結果，即使是最固執的黑格爾主義者，也一定會完全認同的。

黑格爾的政治和歷史學說非常怪異，實際上也無法和他自己的邏輯學協調一致。因為辯證過程中出現的「全體性」既不像巴門尼德不可分的「太一」，也不像史賓諾沙的上帝或自然，後者認為個體將逐漸與宇宙同一，並最終融為一體。黑格爾則相反，他採用了有系統的整體性來思考問題，這一概念後來影響到了杜威（John Dewey）的哲學。根據這個觀點，個體要透過與整體相關聯，才能具有完全的現實性，正如有機體的各個部分一樣。也許有人以為這會導致黑格爾同意國家裡有各式各樣的組織存在，但實際上他一個也不容許，國家是高於一切的唯一的力量。作為一名道地的新教徒，黑格爾自然宣揚國家對於教會的優勢地位，因為這樣才能維護教會組織的國家性質。對於羅馬教會，先不說別的，僅憑以下這一點，黑格爾也會反對它：羅馬教會是一種國際性團體（實際上這正是它的主要優勢）。同樣，黑格爾也反對在社會內部單獨追求有組織的利益，儘管根據他的觀點，他本來應該歡迎這類活動的。至於不偏不倚地探索或沉溺於個人愛好，他也是反對的。可是，比如說，為什麼集郵者不可以在俱樂部聚會呢？他們只不過是為了追求共同的集郵興趣而已。值得關切的是，官方的馬克思主義學說在這方面也保留了相當程度的黑格爾主義。不知為什麼，該學說認為一切活動都必須直接有助於國家利益。在這種制度下，如果一個集郵協會不使自己的工作為社會主義革命做出貢獻的話，那麼它的會員將被粗暴地剝奪集郵或進行任何其他活動的權利。

黑格爾的政治理論在另一個重要方面，與其形上學並不一致。對自己辯證法原則的徹底應用原本應該使他明白，反對建立國際組織是沒有根據的，而建立這類組織或許正是康德所提倡的路線。迄今為止，政治中的「絕對」國家似乎就是普魯士王國。黑格爾結論的推導當然是假的，當然，我們不能否認有些人對這一命題深信不疑。雖然某些相信這類說法的人可能感到安慰，但是宣稱它們是理性使然則有點虛偽了。用這種方式，一個人很容易為世上任何一種偏見和暴行找到欺騙性的理由。

　　現在，讓我們回到辯證法上來，辯證法的確是黑格爾體系的核心概念。在前文中，我們已經注意到一個辯證法步驟是如何涉及三個階段的。首先必須有一個陳述，然後有一個對立的陳述，最後把兩者合成一個綜合陳述。有個簡單的例子可以說明這一點。例如，一個人可能提出以下命題：黃金有用。與之相對立的命題則是：黃金無用。那麼可能的綜合命題就是：黃金是否有用取決於環境。如果你恰好在牛津街，有人願意用三明治來換你的黃金，那麼黃金就有用；但是，假如你帶著一袋黃金迷失在撒哈拉大沙漠裡，而你需要的是水，那麼在這裡黃金就是無用的。因此，我們似乎應該把所處的環境考慮進去。也許黑格爾並不贊同這個例子，但在這裡它卻符合我們的要求。現在的論點是：綜合命題變成了一個新命題，同樣的辯證過程將重新開始，由此類推，直到理解了整個宇宙。這就是說，任何事物只有放在自身一切可能的關聯中（即放在整個世界中）來加以考慮，它才能產生全部的意義。

　　我想到了幾條評論。第一條是關於辯證法的歷史內容。以某種妥協的方式來調整不相容的要求，這樣的情況肯定是有的。比如，我可能不情願繳納所得稅，而稅務當局自然會採取相反的行動，堅持要抽走稅

款，最後，我們找到了某種折中的解決辦法，以使雙方都能在一定程度上滿意。在這方面，從來就沒有什麼神祕的事物。必須注意的是，妥協並不源於兩種矛盾的要求，而是源於兩種相反的要求。我們應該對這個邏輯論點進行某種解釋。如果一個陳述為真，另一個就必然為假（反之亦然），那麼這兩個陳述就是矛盾的；但是兩個相反的陳述完全有可能都是假的，儘管它們不可能都是真的。因此在以上例子中，妥協的解決辦法就是揭穿兩種對立主張的虛假性。在真實的歷史事件中，以下事實使辯證法發揮了作用：某種協定總能夠從相反的要求中達成。當然，如果相關各方沒有足夠的耐心來制定一個都能夠接受的方案，那麼爭鬥就很可能變得更為激烈，最終是強者勝，弱者敗。在這種情況下，相反的要求在事後也可能被視為矛盾的要求，但只能在事後才這樣，因為這種事的發生並非不可避免。正是由於持有相反的（而不是矛盾的）納稅觀點，公民和稅務當局才沒有被逼得非拚個你死我活不可。

另外，我們可以看到，智力的發展也遵循了相似的模式。在這方面，辯證法回顧了柏拉圖對話錄問答形式的相互作用，這正好表現了面臨某個問題時，心靈是怎樣工作的。一個例證提出後，就可能產生種種異議。在討論過程中，可能透過對事態採取更精確的看法來進行調整，或者，經過反思，發現必須接受其中某條異議，從而放棄原來的例證。在這裡，相互對立的陳述無論是矛盾的還是相反的，都有可能達成某種妥協。因此，赫拉克利特的「萬物皆運動」和巴門尼德的「萬物皆靜止」就是相反的。但也許有人會說某些東西並不運動，以此來反駁赫拉克利特的觀點，這時候，兩個陳述就是矛盾的。不管是哪種情況，我們都可以達成妥協：有的東西運動，而有的則靜止。這樣一來，就導致了黑格爾不願意承認的一個重大差異。矛盾只是某種在交談中才出現的東西。

一個人可以和另一個人發生矛盾，或者確切地說，一種表述可以和另一種表述相矛盾，但是在日常的事實的世界裡，卻是不存在矛盾的。無論對語言與世界的關係持什麼樣的觀點，一個事實是不可能和另一個事實相矛盾的。因此，貧窮與富裕並不是一對矛盾，而只是一對差別。由於黑格爾對世界持某種心靈的觀點，所以他傾向於簡單粗暴地對待這個重要的區別。

另外，根據這個觀點，不難看出為什麼辯證法不僅可以作為知識論的一個工具，而且可以直接用於對世界的某種描繪。用專門術語來說，黑格爾認為其辯證法不僅是認識論的，而且也是本體論的。黑格爾正是在這一基礎上，進一步辯證地解釋了自然。我們在前面已經談到過謝林對它的批判。除了以拉美特利的唯物主義原則來取代黑格爾偏執的唯心論以外，可以說，馬克思主義者全盤吸收了這種荒唐的觀點。

另外，黑格爾對數字「3」的偏好，也是一個源於辯證法的特殊偏見。僅僅由於辯證法包含了三個階段（正、反、合），於是一切事物似乎都與「3」有關。無論在什麼地方需要對事物進行劃分，黑格爾都會把它一分為三。比如說，他對歷史的記述就只承認東方世界、希臘和羅馬世界，還有日耳曼世界，其他的世界似乎都不值一提。為了對稱，這樣做當然也可以，但作為一種研究歷史的方法，則似乎沒有多少說服力。同樣，我們發現《哲學全書》也分成了三部分，分別對應精神的三種狀態。第一種是產生了邏輯的「自在」狀態；第二種是所謂的「異在」狀態，據說是精神經歷了某種自我疏離之後的狀態，第二種狀態在自然哲學裡作了討論；第三種狀態是精神完成了它的辯證往返旅程之後，又回到了自身，與此相對應的是精神哲學。事情被設想為一種辯證的三合一。這種說理方式是如此荒謬，以至於尊崇黑格爾的人都不再打算為它辯護了。

不過，在進行了這些批判之後，我們絕不可忽視黑格爾哲學有價值的部分。首先，必須承認，就辯證法而言，黑格爾展示了他對心靈作用的非凡洞察力，因為心靈的發展往往是按辯證法模式進行的。作為對智慧心理學的一大貢獻，辯證法在一定程度上可說是一種敏銳的觀察。另外，黑格爾主義確實強調了維柯在一個世紀以前提出的歷史的重要性。由於詞語的使用不是很到位，黑格爾在陳述自己的論證方式時有時候受到了妨礙，這可能和語言自身的某種詩性概念有關。因此，當黑格爾說哲學就是對自身歷史的研究時，我們應該根據辯證法原則來理解這句話。他其實是說，哲學必然按照辯證法模式發展，而辯證法是至高無上的哲學原則，因此，辯證法研究和哲學史研究似乎正好達到了一致。所以，這是一種間接的表述，其原意是說，為了正確地理解哲學，我們必須了解一些關於哲學的歷史。也許有人不同意這個看法，但它並不是毫無意義的。在系統的論述中，黑格爾經常用到詞語的不同含義。他也確實說過：不知為什麼，和人類相比，語言的確具有某種更為優越的固有智慧。令人驚訝的是，今天的牛津普通語言哲學家們竟然也持有極為相似的見解。

在研究歷史形勢時，黑格爾感到「絕對理念」將會到來，因此應該建立哲學體系。根據他的觀點，哲學體系總是緊隨事件之後產生，他在《法哲學原理》（*Grundlinien der Philosophie des Rechts*）一書的序言中突出地表達了這一點：「只有當夜幕降臨後，密涅瓦（Minerva）的貓頭鷹才開始飛翔 [055]。」

---

[055] 貓頭鷹是密涅瓦（羅馬神話中的智慧女神）的象徵，代表智慧、理性和公平。它是站在密涅瓦肩頭的聖鳥，被認為是掌管智慧和學問的鳥。在黑格爾看來，貓頭鷹是哲學思考的別稱，是一種啟迪人類智慧的神鳥，是思想者的象徵。密涅瓦的貓頭鷹飛翔了，意味著人類的智慧啟動了。——譯者注

有一個普遍原則在哲學史上反覆出現，並啟發了黑格爾的哲學，這就是：世界的任何部分都不可能被單獨理解，除非把它放在整個宇宙的背景之中，因此，只有整體才是唯一可能的實在。早在蘇格拉底之前，哲學家就有了這種觀點。當巴門尼德說宇宙是一個靜止的球體時，他就試圖表達這個意思。當畢達哥拉斯學派的數理哲學家們說「萬物皆數」的時候，同樣暗示了這個概念。較晚的史賓諾沙則代表性地提出了如下觀點：只有整體才是最終的實在。繼承了畢達哥拉斯傳統的數理物理學家們，在探詢一個可以解釋整個宇宙的最高公式時，也為同樣的信念所左右。牛頓物理學的驚人發展就提供了一個這方面的例子。雖然要推翻唯心主義宇宙體系的概念並不難，但如果不設法理解它的意圖就簡單地予以否定，是很危險的。

有意思的是，唯心主義體系在某個方面正確地描繪了科學理論的理想。科學的主旨確實是為我們系統性地了解自然提供越來越廣闊的視野，並揭示出從未被懷疑過的各種相互關係，把日益增多的自然事件納入某種理論體系。從原則上說，這種發展是沒有止境的。而且，科學理論不容許出現例外，它必須具有普遍的控制力，要麼適用於一切，要麼對一切都不適合。因此我們可以說，唯心主義體系是一種柏拉圖式的整體科學觀，也是萊布尼茲所設想的那種神的科學。按照某種方法，一切都相互關聯，這是非常正確的。但如果認為事物因為與別的事物有關聯才發生變化，是錯誤的。正是在第二種情況下，這種科學觀很糟糕地偏離了目標。另外，由於科學探索的特徵之一就是沒有止境，所以，把一切事物都看成一種製成品同樣是錯誤的，黑格爾的立場與 19 世紀後期的科學樂觀主義沒有關聯，在 19 世紀後期，所有的人都以為關於一切事物的答案就在眼前，就像早就可能預知的一樣，但後來的事實證明這

只是一種幻覺。另一方面，對神的科學進行補充也是徒勞的。不管在這方面可以說些什麼，這都不是它所屬的世界，我們這個世界之外的世界不可能和我們有什麼關係。因此，唯心主義體系是一個不合邏輯的謬誤概念。

我們可以用一個例子來更為直接地證明這一點。我有許多真實的信念，比如說，我認為納爾遜圓柱[056]要比白金漢宮[057]高，而黑格爾主義者卻什麼也不承認。他們會駁斥說：「你並不知道自己在說什麼。要了解你所談到的事實，你就必須清楚這兩個建築物用的是什麼材料，是誰建造的，為什麼建造，這樣，你需要了解的東西多得沒有止境。在你有資格說自己知道納爾遜圓柱比白金漢宮高是什麼意思之前，你將不得不了解整個宇宙。」但這樣一來，麻煩自然就出現了：按這種說法，我在認知任何事物之前，都將不得不先認知一切事物，因此，我甚至可能永遠也無法開始。沒有人會謙虛到聲稱自己徹底無知的地步，何況這完全不是事實。我的確知道納爾遜圓柱比白金漢宮高，但不會宣稱自己像神一樣無所不知。事實上，你能夠認知某種事物，而不必了解與之相關的一切；你可以恰當地使用某個詞語，而不必掌握全部詞彙。黑格爾堅持認為，就像拼圖一樣，在完成整個拼圖之前，拼板上的任何一塊都是沒有意義的。而經驗主義者正好相反，他們承認每一塊都有自身的意義。的確如此，如果它真的沒有意義，你就不可能拼它。

從倫理學意義上說，對體系邏輯學說的批判具有十分重要的意義。

---

[056] 為紀念 19 世紀初在著名的特拉法加角海戰中犧牲的海軍上將霍雷肖·納爾遜（西元 1758 年 -1805 年，英國皇家海軍之魂），英國政府於西元 1843 年在倫敦特拉法加廣場中央建造了納爾遜圓柱紀念碑。圓柱高達 56 公尺，立於四方石基上，圓柱之上樹立著 5 至 3 公尺高的納爾遜將軍雕像，納爾遜全身銅像是雕塑家貝尼尼（Bernini）的作品。── 譯者注

[057] 英國的王宮。建造在西敏城內，位於倫敦詹姆士公園的西邊，西元 1703 年為白金漢公爵所建而得名，最早稱白金漢屋。── 譯者注

因為如果邏輯理論是正確的，那麼以它為基礎建立起來的倫理學理論也必定是正確的。但事實上這個問題還是沒有得到解決。

黑格爾主義與洛克的自由主義是完全對立的。黑格爾認為，國家本身是善的，而公民則並不重要，只要他們於整體有利就行了。自由主義卻認為國家應該照顧到各類成員的個人利益。唯心主義觀點容易導致偏狹、殘酷和暴政；而自由主義則產生了寬容和妥協。黑格爾唯心主義是把世界當做某種體系的一個嘗試。黑格爾主義的目標完全不是主觀主義的，儘管它強調精神，我們可以把它稱為客觀唯心主義。

前面已經說過辯證法的體系架構後來如何受到了謝林的批判。從哲學角度看，丹麥哲學家索倫・齊克果（Søren Kierkegaard）就是從這裡出發，猛烈抨擊了黑格爾主義。他的作品在當時幾乎沒有什麼影響，但大約 50 年後，卻成了存在主義運動的泉源。

齊克果（西元 1813 年 -1855 年）生於哥本哈根，17 歲進了哥本哈根大學。他的父親年輕時就棄農從商到了首都，並且獲得了很大的成功，因此齊克果沒有謀生的壓力。他不僅繼承了父親的才智，而且繼承了其沉思的氣質。西元 1841 年，他獲得了神學碩士學位。這期間，他曾與一位女士訂婚，但無果而終。那位女士似乎並不喜歡他把神學作為自己的使命。總之，他解除了婚約，完成學業之後去了柏林，當時謝林正在那裡執教。從此他沉浸在神學與哲學的思辨之中，而那位曾和他訂過婚的女士則明智地嫁給了別人。

還是先回到謝林對黑格爾體系的批判上來吧。謝林對消極哲學和積極哲學進行了區分。用經院派的術語來說，前者涉及概念，如共相和本質，它論述的是事物「是什麼」的問題；而積極哲學則涉及實際存在，或事物「就是那樣」的問題。謝林堅持認為，哲學肯定始於某個消極階

段，然後才向積極階段轉移。這種解釋使人聯想到他的「兩極對立面」原則和下述事實：他自己的哲學發展就經歷了這麼一個過程。在這種意義上，謝林早年的觀點是「消極的」，而後期的作品才是「積極的」。他對黑格爾的主要批判就是：黑格爾扎根於消極領域，卻想推導出積極的事實世界來。這一評論正是存在主義的發端所在。

　　謝林的批判僅僅是從邏輯上駁斥了黑格爾，同樣重要的是，齊克果還在情感上駁斥了黑格爾。黑格爾主義涉及的是枯燥的理論化事務，很少為靈魂的熱情留出空間。一般來說，德國唯心主義哲學都是如此，甚至謝林晚期的思辨也不例外。啟蒙運動已經有了肯定熱情的趨向，儘管還有一些疑慮。齊克果則希望使熱情重新在哲學上獲得尊重，這與詩人們的浪漫主義觀點是一致的，而與那種把善與知識、惡與無知相連到一起的倫理觀相對立。

　　存在主義者按照真正的奧卡姆方式，割裂了意志與理性，試圖把我們的注意力引到人們行動和選擇的需求上去，這種需求不是哲學反思的一種結果，而是源於意志的某種自發作用。這樣就可以立即以某種簡單的方式，為人們的信仰留出餘地，因為這時候，接受宗教就是意志的一種自由選擇。有時候可以把存在主義原則表述為：存在先於本質。也就是說，我們先認知了事物的存在，然後才認知其本質。這就等於把個別放在共相之前，或把亞里斯多德放在柏拉圖之前。

　　齊克果認為意志先於理性。他論證說，我們不應當把人過分科學化，處理一般性問題的科學只能從外部觸及事物。與此相對，齊克果承認從內部掌握事態的存在主義思考方式。以人為例，如果以科學的方式來對待人，就會感覺真正重要的東西被我們忽略了。我們只能按照存在主義的觀點來理解個人的具體感受。在齊克果看來，倫理學理論太傾向

於理性主義，以至於不容許人們自主地安排自己的生活。這些理論從來沒有充分恰當地評價過個人道德行為的具體特徵。另外，要找到打破其規則的反面例子或例外情形總是很容易，正是基於這些理由，齊克果才鼓勵我們要把自己的生活建立在宗教原則而不是倫理學原則的基礎之上。備受推崇的新教奧古斯丁傳統就包含了這樣的主張，即一個人只對上帝及其旨意負責，任何其他人都不能干預和改變這種關係。

按照齊克果的看法，宗教是一個存在性思考的問題，因為它來自靈魂的內部。齊克果是一位熱情的基督徒，他的觀點必然與丹麥國教僵化的制度發生衝突，這也是很自然的。他否定經院哲學自以為是的理性主義神學，認為上帝的存在應該透過存在性方式來掌握。在本質範圍內，無論有多少論證，也不可能確立上帝的存在。因此，如前面所說，齊克果將信仰與理性割裂開來。

齊克果在批判黑格爾的過程中，他的反思活動自然得到了發展。從整體上說，他的批判是正確有效的，不過衍生於其中的存在主義哲學卻並不那麼合理。由於限定了理性的範圍，它為五花八門的荒謬學說敞開了大門，但在信仰層次上，它不僅受到了尊重，而且是受歡迎的。對於那些相信（神的）啟示的人來說，「信仰源於謬論」是一句古老而流行的格言，從某種意義上說，他們也許是對的。如果你想行使你的信仰自由，那麼你也可能緊緊抓住某個不同尋常的東西。

但是，必須記住的是，就像猜想過高一樣，過低地看待理性也是危險的。黑格爾對理性的評價太高，以至於出現了「理效能夠產生宇宙」的錯誤。齊克果則走向了另一個極端，事實上，他堅持認為理性無助於我們掌握具體事物，而只有具體事物才真正值得去認知。這種觀點否定了科學的全部價值，它與浪漫主義原則是協調一致的。儘管齊克果

猛烈地抨擊了浪漫主義生活方式，認為它完全取決於外部影響的無規律變化，但他本人卻是一個純粹的浪漫主義者。他的假設了存在主義思考模式的原則，恰恰就是一個模糊的浪漫主義概念，針對黑格爾的存在主義批判基本上不承認世界本身構成了一個體系。儘管齊克果並沒有明確地深入這一問題，但其存在主義實際上卻預先設定了一個實在的認識論（與唯心主義觀點相對立）。如果我們回到康德的二元論中去，那麼就會產生針對黑格爾的完全不同的批判，這種批判在叔本華（Arthur Schopenhauer）的哲學中出現了。

阿圖爾・叔本華（西元 1788 年 -1860 年）的父親是一位但澤[058]商人，他仰慕伏爾泰，像伏爾泰一樣推崇英國。西元 1793 年，普魯士吞併自由城市但澤時，叔本華一家遷居漢堡。西元 1797 年，9 歲的叔本華去了巴黎，並在該城生活了 2 年。在此期間，他幾乎忘了自己的母語。西元 1803 年，叔本華來到英國，就讀於一所寄宿學校。儘管只有大約六個月時間，但足以使他學會英語，並厭惡英國的學校。叔本華晚年長期訂閱了倫敦的《泰晤士報》。回到漢堡後，他曾心不在焉地嘗試經商，父親一死，他立刻就放棄了。他母親這時已經搬到了威瑪[059]，並很快成了一個文學沙龍的女主人，威瑪的許多著名詩人和作家經常光臨這個沙龍。實際上，她自己最終也成了一名小說家。但這時候，她的兒子，性格乖僻的叔本華，卻開始對她那種有點自由放縱的生活方式感到不滿。21 歲時，叔本華得到了一筆不大的遺產，從此母子倆就疏遠了。

那筆遺產可以支持叔本華完成大學的學業。西元 1809 年，他進了哥

---

[058] 波蘭稱格但斯克，德語稱但澤，是波蘭波美拉尼亞省的省會，也是該國北部沿海地區的最大城市和最重要的海港。——譯者注

[059] 威瑪，德國小城市，擁有眾多文化古蹟，曾是德國文化中心，歌德和席勒在此創作出許多不朽文學作品。著名景點有歌德故居、包豪斯博物館等。——譯者注

廷根大學，並在那裡首次接觸了康德哲學。西元 1811 年，他轉到了柏林大學，主修科學。叔本華雖然也聽了費希特的一些課，卻對後者的哲學抱一種輕視的態度。西元 1813 年，他完成了學業。這時候解放戰爭爆發了，不過這並沒有喚起他持久的熱情。後來，他在威瑪結識了歌德，並且在那裡開始了對印度神祕主義的研究。西元 1819 年，叔本華作為沒有薪水的教師，開始在柏林大學授課。他自信地認為自己的天賦很高，覺得如果隱瞞這一事實，不告訴那些還沒有意識到這一點的人，是不誠實的表現，於是他把自己的課程安排在黑格爾授課的同時進行。當他未能有效地把黑格爾主義者吸引過來時，就決定放棄授課，去法蘭克福定居。他在那裡度過了自己的餘生。叔本華是一個傲慢自負、陰鬱乖戾和愛慕虛榮的人，但他並沒有在有生之年得到他所渴望得到的名聲。叔本華的哲學觀點在早年就已經形成。他的主要著作《作為意志與表象的世界》（*Die Welt als Wille und Vorstellung*）出版於西元 1818 年，當時他才 30 歲。這本書問世之初，絲毫沒有引起人們的重視。該書提出了一種修正的、審慎保留了「物自體」的康德學說。不同的是，叔本華將「物自體」等同於意志，因此在康德學說的意義上，他和康德都認為被經驗的世界是由現象構成的，不過導致現象的東西並不是一系列不可知的本體，而是本體的意志。這一點與正統的康德觀點十分近似。我們已經知道，康德認為意志就位於本體之中，假如我運用我的意志，那麼經驗世界裡與之相對應的就是我的肉體運動。我們順便還可以發現，實際上，康德在這裡並沒有超越偶因論。因為本體與現象之間不可能存在著因果關係。總之，叔本華認為肉體是一種現象，它的實在性存在於意志之中。和康德一樣，叔本華也認為本體世界位於空間、時間和範疇之外。本體的意志並不隸屬於其中任何一個。所以，它既不是時間的，也不是空間的，這就表示它具有一體性。就我的意志而言，

我並不是獨特和分離的，這純粹是一種現象的幻覺，正相反，實際上我的意志是唯一的宇宙意志。在叔本華看來，這種意志是十足的罪惡，它產生了人生不可避免的苦難。另外，他和黑格爾正好相反，認為知識是苦難的（而不是自由的）泉源，因此，叔本華展示的是一種沒有快樂餘地的悲觀前景，而不是理性主義體系的樂觀態度。

叔本華認為性是一種邪惡的交易，因為繁衍後代完全是在為苦難提供新的犧牲品。叔本華討厭女人也和這種觀點有關，因為他覺得在性方面，女人比男人更有心計。

沒有什麼邏輯上的理由可以說明康德認識論為何要與悲觀主義觀點相關聯。叔本華由於自己乖僻的性格而無法感到快樂，所以就宣稱快樂不可能實現。在他陰鬱的生命快要結束之際，他的成就才得到了認可，經濟狀況也有所改善，這兩個變化突然使他不顧自己的理論，開始快樂起來。不過，這也並不能證明理性主義者對這個世界的「善」持有十足的信心就是正確的。至少，像史賓諾沙這樣的思想家不打算從理論上發現罪惡，而叔本華則走向了另一個極端，在一切事物中都看不到善。根據叔本華的觀點，擺脫這種痛苦的辦法必須到佛教神話中去尋找。由於我們的意志導致了我們的苦難，所以透過麻醉意志，就可以最終在涅槃[060]或四大皆空[061]的境界中得到解脫。透過神祕的入定，我們就可以看穿代表幻覺的「摩耶面紗[062]」。這樣一來，我們就可以逐漸把世界視為

---

[060] 涅槃，佛教用語，指清涼寂靜，煩惱不現，眾苦永寂；具有不生不滅、不垢不淨、不增不減、遠離一異、生滅、常斷、俱不俱等中道體性意義。佛教認為，只有到達涅槃的境界方可擺脫輪迴之苦。——譯者注

[061] 佛教把一切物質現象歸納為四種基本要素，即堅性的「地」、溼性的「水」、暖性的「火」、動性的「風」，謂之「四大」。四大皆空，指宇宙間的一切，包括人身在內都是虛幻的。——譯者注

[062] 在印度哲學中，梵在世間顯現的一切就是「幻」，即摩耶，人必須要破除「幻」才能找到「梵」，在這個意義上理解，看穿「摩耶面紗」，也就是要看透世間表象，看到宇宙本真。——譯者注

一個整體。具備了這樣的知識之後，我們就可以征服意志。但是，這裡的一體性知識既不像艾克哈特長老[063]之類的西方神祕主義者那樣，導致人和上帝的感通；也不會分享史賓諾沙的泛神論世界。相反，對整體的洞悉和對苦難的同情，為我們提供了一條遁入空門的退路。

叔本華哲學和黑格爾派的理性主義學說相反，它強調了意志的重要性。後來的許多哲學家採納了這一觀點，儘管他們在其他方面幾乎沒有什麼共同之處。我們不僅在尼采，也在實用主義者的作品中發現了這種觀點。存在主義也對與理性相對立的意志極感興趣。而叔本華學說中的神祕主義因素，倒是處在哲學主流之外的。如果說叔本華哲學尋求的是一種最終擺脫塵世及其衝突的途徑，那麼尼采（Nietzsche）則走向了它的反面。要歸納尼采的思想內容，不是一件容易的事。在通常意義上，他算不得一位哲學家，而且他也沒有留下某種系統性的觀點。也許有人從字面意義上，把他描繪成一個貴族人文主義者。因為他最早試圖提倡的就是最優秀人物享有至高的地位，這些人具有最健康、最堅強的秉性。同時，他還強調了面對苦難時的堅忍和頑強，這與公認的倫理標準有相同之處，儘管實踐起來並不一定是這樣。許多人由於斷章取義地關切這些特徵，以為尼采就是我們這個時代暴政的預言家。雖然暴君們的確可能從尼采那裡獲得某些啟發，但如果要他對這些人的罪行負責，是不公平的，這些人頂多是膚淺地理解了尼采。因為，如果尼采能夠活得更長，親眼目睹自己國家的政治發展的話，他也會極力反對的。

---

[063] 艾克哈特（約西元 1260 年 -1327 年），德國神祕主義哲學家、神學家，德國新教、浪漫主義、唯心主義、存在主義的先驅。他生於貴族家庭，西元 1275 年加入道明會（亦稱「布道兄弟會」，會士均披黑色斗篷，被稱為「黑衣修士」），先後在多地任會長。他主張上帝與萬物融合，人與上帝能合一。——譯者注

尼采像

尼采的父親是新教的一名牧師，這就營造了一種虔誠、正直的家庭氣氛。即使在尼采著作最具叛逆性的時候，其強烈的道德感仍然保留了這種色彩。尼采在早年就是一位才華橫溢的學者，24 歲就成了巴塞爾大學的古典語言學教授。一年後，爆發了普法戰爭 [064]。由於他已經是瑞士公民，因此只能當一名軍隊醫院的醫護兵。後來因感染上痢疾，他退伍回到了巴塞爾。他的身體狀況一直不好，從服役以來，始終未能恢復健康。西元 1879 年，他不得不辭去教授職務，儘管那筆豐厚的年金足以使他過上很舒適的生活。隨後的 10 年，尼采是在瑞士和義大利度過的。他仍然從事寫作，卻在大多數時候孤獨寂寞、默默無聞。西元 1889 年，學生時代染上的性病終於導致了一個遲來的惡果，尼采患上了精神病，直到去世精神都很不正常。尼采的探索首先受了前蘇格拉底時期的希臘，尤其是斯巴達理想的啟發。在第一部主要著作《悲劇的誕生》（*Die Geburt der Tragödie aus dem Geiste der Musik*）（西元 1872 年）中，尼采提出了著名的區別，即希臘精神中的阿波羅情結和戴歐尼修斯情結。對人類悲劇實在性的認識，與黯淡而情緒化的戴歐尼修斯傾向有著密切的關聯；而奧林匹亞的諸神殿則是某種可以抵消人生不幸的安寧幻象。這一點源自希臘精神中的阿波羅傾向。可以說，希臘悲劇是戴歐尼修斯熱望的阿波羅式昇華。我們知道，亞里斯多德對此也持有類似的觀點。從這些關於悲劇起源的解釋

---

[064] 西元 1870 年 7 月 19 日 -1871 年 5 月 10 日，普魯士為了統一德國並與法國爭奪歐洲大陸霸權而爆發的戰爭。由法國發動，最後以普魯士大獲全勝，建立德意志帝國告終。 —— 譯者注

中，尼采最終選擇了悲劇英雄的概念。和亞里斯多德不同，尼采在悲劇中看到的不是一種能夠引起共鳴的感情淨化，而是積極地接受現實生活。叔本華得出的是悲觀的結論，而尼采卻採取了樂觀的態度。他認為這種態度可以在關於希臘悲劇的正確解釋中辨別出來。但必須注意的是，這並不是尋常意義上的樂觀主義，而是對生活的嚴酷性和現實性的豪邁承受。和叔本華一樣，他也認可意志的至高地位，但他更進一步認為，堅強的意志是善者的優秀特徵，而叔本華卻把意志視為萬惡之源。

尼采把人類及其道德分為兩類，即主人和奴隸。他的《善惡的彼岸》（*Jenseits von Gut und Böse. Vorspiel einer Philosophie der Zukunft*）（西元 1886 年）一書中詳盡論述了基於這一區分的倫理學理論。在主人道德中，「善」意味著獨立、慷慨和自助等，實際上，所有這些都是亞里斯多德「具有偉大靈魂的人」的特質。與之相對的缺陷則是依附、吝嗇和怯懦等，也就是惡。在這裡，善與惡的對比大體上相當於高尚和卑鄙。奴隸道德按照完全不同的原則發揮作用。它認為善存在於某種普遍的沉默當中，存在於一切消除苦難和反抗的事件當中。它譴責主人道德中的善，認為它不僅不恰當，而且是罪惡的，因為主人道德中的善容易引起人的恐怖感。對於奴隸（道德）來說，所有引起恐懼的行為都是罪惡的。而英雄或者超人的道德，則在善惡之外。這些學說在《查拉圖斯拉如是說》（*Also Sprach Zarathustra, Ein Buch für Alle und Keinen*）中以道德宣言的形式被提了出來，該書在風格上模仿了《聖經》。尼采是一位偉大的文學藝術家，他的作品看上去更像詩體散文，而不是哲學。

可以說，尼采最為厭惡的東西，就是隨著新技術發展起來的新的大眾人性。他認為社會應該成為少數傑出人物實現貴族理想的溫床。至於這樣做可能會對小人物帶來苦難，在他看來，則是無所謂的。他所想像

的國家與柏拉圖《理想國》中的國家有許多相同之處。他認為傳統宗教為奴隸道德提供了支持。按他的觀點，自由者必須認為上帝已經死了，我們必須為了人的更高形態，而不是為了上帝而奮鬥。尼采在基督教中發現了奴隸道德的現成例子，因為基督教消極地懷著來世生活更好的希望。他還對奴隸道德做出了恭順、憐憫之類的評價。正是由於華格納[065]（Richard Wagner）後來傾向於基督教，尼采才會抨擊這位曾被自己視為可敬的朋友的作曲家。除了提倡英雄崇拜以外，尼采還強烈地反對男女平等，他鼓吹把婦女看做奴隸的東方習俗。我們發現，這正反映了尼采本人無法妥當地與女性相處的事實。

華格納

尼采在這樣的倫理學說中，對各種人和人的生活方式進行了大量有價值的考察。如果是為自身考慮，那麼使用某種無情的手段還算情有可原的，但為了少數人的利益，而對大多數人所忍受的苦難無動於衷，這種觀點卻是缺乏說服力的。

---

[065] 理察·華格納（西元 1813 年 -1883 年），德國作曲家，德國歌劇史上一位舉足輕重的人物。前承莫札特、貝多芬的歌劇傳統，後啟理查·施特勞斯後浪漫主義歌劇作曲潮流。同時，因為他在政治、宗教方面思想的複雜性，成為歐洲音樂史上最具爭議的人物。──譯者注

第十章

功利主義及其以後

現在，我們必須回到一個世紀以前，談論一下事情的另一個組成部分。

　　隨著這個世界物質環境的急遽變化，唯心主義哲學及其批判也得到了發展。

　　源於 18 世紀英國的工業革命為世界帶來了許多變化。首先是機器的運用，這是一個漸進的過程。織布機的構造有了改進，紡織品的產量也隨之增加了。最關鍵的一步，是蒸汽機的完善，它為大量湧現的工廠提供了驅動機器的無限動力。利用燃煤鍋爐來產生蒸汽是最有效的方式，因此煤礦開採業有了極大的發展，儘管工人們常常在嚴酷惡劣的環境下作業。從人道主義的立場來看，工業化的早期的確是一個可怕又可憎的時代。

　　英國的圈地運動在 18 世紀達到了頂峰。數百年間，公地正逐漸被貴族圈占，作為私用。對於那些在一定程度上靠公地收益過活的鄉下人來說，圈地運動對他們帶來的是苦難。然而在 18 世紀以前，對他們土地專有權的這種侵犯並沒有導致大批鄉下人背井離鄉，流到城鎮去尋求新的活路，這些人逐漸被新工廠安置下來。這些低收入的被剝削者居住在城市的貧民窟和郊區（19 世紀大面積產業貧民窟的前身），機器的發明首先引起了手工藝人的徬徨，他們感到自己的技術日益變得多餘。同樣，機器效能的每一次改進，都容易受到產業工人的抵制，因為他們害怕砸了自己的飯碗。即使是今天，他們也依然存在著這種擔心。就像 19 世紀的動力紡織機一樣，電子機械的使用也使工會憂心忡忡。不過，就這個問題來說，悲觀主義者總是錯的。世界上工業國家的生活條件並沒有下降，相反，財富和舒適程度在各個方面都有了逐步成長。

　　但必須承認的是，早期的英國工業無產者的苦難是十分明顯的。造

成一些嚴重罪惡的原因，部分是由於無知，因為人們從未遇到過這些新問題。以手工業和農民產權為基礎的舊自由主義，在處理工業社會的新問題時顯得缺乏靈活性。改革雖然遲到了，但最終還是糾正了這些早期的過失。工業化發展得越晚的地方（如歐洲大陸國家），困擾工業社會發展的一些麻煩就越少，因為到了那個時候，問題就更容易理解了。

到了 19 世紀早期，科學與技術之間相互影響的趨勢開始明顯起來。當然，這種影響在某種程度上始終都是存在的。但自工業化時代以來，科學原理系統化地應用於技術裝置的設計製造，還是引起了物質的加速擴張。蒸汽機提供了新動力，而 19 世紀上半葉目睹了對相關原理的全面科學研究，新的熱動力學又反過來告訴工程師們如何製造出效率更高的引擎。在這期間，蒸汽機開始在運輸行業取代了所有其他動力形式。在 19 世紀中葉的歐洲和北美，龐大的鐵路網正在形成。同時，汽輪開始取代帆船，所有這些革新都極大地改變了人們的生活和視野。從整體上看，人似乎是一種保守的動物。就發展速度而言，人類的技術能力超過了自己的政治智慧，直到今天，我們也沒有從這種失衡中恢復過來。

工業生產的早期發展喚起了人們對經濟問題的興趣。近代政治經濟學作為一項研究，可以追溯到亞當‧思密（Adam Smith）（西元 1723年 -1790 年）的作品中。

亞當‧思密是一位哲學教授，也是大衛‧休謨的同鄉。他的倫理學著作繼承了休謨傳統，但整體而言不如自己的經濟學著作重要。西元 1776年發表的《國富論》（*The Wealth of Nations*）為他贏得了聲譽。該書首次對在國家經濟生活中發揮作用的各種力量進行了研究嘗試，特別引人注目的一個重要問題是勞動分工。思密十分詳盡地揭示出：假如把某件商品的製作過程細分為諸多環節，每一環節由一名專業化工人員來負責，

那麼工業產品的產量就會增加。他特別舉出了製造別針的例子，而且他的結論無疑是在實際考察的基礎上得出的。從此以後，勞動分工的原則在工業中得到了普遍的應用，其正確性也得到了充分的證明。當然，還必須考慮人的因素。因為，如果專門化操作變得過於缺乏連貫性，那麼就會破壞人們對本職工作的興趣，最終受損害的還是工人。這個在思密時代沒有得到充分認識的難題，已經成了現代工業的主要問題之一，它對那些操作機器的人產生了非人性化的影響。

政治經濟學的研究在很長一段時間內都保持了英國特色。18世紀法國的重農主義者雖然的確對經濟問題產生過興趣，但他們的影響不如亞當·思密的《國富論》，後者成了古典經濟學的聖經。這方面的第二個重大貢獻就是李嘉圖（David Ricardo）的勞動價值論，後來該理論為馬克思所繼承。

在哲學方面，工業化的興起導致人們在一定程度上開始重視功利（主義），而功利正是浪漫主義者強烈反對的東西。但同時，和詩人及唯心主義者所煽起的浪漫熱情相比，這種顯得有些乏味的哲學在社會事務方面導致了更多的必要改革。它所尋求的變革是零碎而有序的，它的目標根本不是革命。而更為情緒化的馬克思學說卻不是這樣，該學說以其獨特的方式保留了大量的不妥協唯心主義（源於黑格爾），其目標在於透過暴力，對現有秩序進行全面的改造。

有些人忽視了工業社會中至關重要的人的問題，這些人並沒有體會過工業無產階級所遭受的侮辱。他們起初認為，這些不愉快的事實也許是不幸的，但也是不可避免的。到了18世紀後期，當作家們開始提出這類問題的時候，那種有些自以為是的、缺乏同情心的漠然觀點便被粉

碎了。為了使這些事實得到社會的普遍關注，西元 1848 年的革命 [066] 採取了一些行動。雖然作為一項政治策略，革命者掀起的騷亂並不怎麼成功，但的確在某種程度上讓人們留下了對於社會環境的憂慮。英國的狄更斯 [067]（Charles Dickens）和後來法國的左拉 [068]（Émile Zola），都在作品中表現了這些問題，從而使人們對事態有了更清醒的理解。根治一切社會弊病的良藥之一，就是向人們提供適當的教育。在這一點上，改革家們也許並不完全正確。僅僅教會每個人讀寫和計算，這本身並不能解決社會問題，但同樣錯誤的看法是，這些令人羨慕的技能對於一個工業社會的良好運作是不可或缺的。從整體上說，大量的專門化例行工作是可以讓文盲來做的，而教育能夠間接地有助於解決某些問題，因為它有時可以使那些被迫忍受苦難的人找到改善命運的辦法。同時，非常明顯的是，單純的教育過程並不一定能產生這樣的結果，相反，它卻可能使人們相信現有秩序是理所當然的，這類灌輸有時是非常有效的。但是，改革者們卻正確地堅持了下述觀點：除非能夠全面理解一些至關重要的情況，否則有些問題就不可能得到正確的解決，而這就的確需要某種程度的教育。亞當·思密根據商品製造所提出的勞動分工理論 [069]，幾乎達到哲學探索的高度。可以說，這種探索在 19 世紀的發展中同樣變得工業

---

[066] 法國的一次資產階級革命，推翻了國王路易·腓力（Louis Philippe）的七月王朝，建立了第二共和國。其後君主派路易·波拿巴竊取革命成果，出任總統，並於西元 1852 年稱帝，是為拿破崙第三。—— 譯者注

[067] 狄更斯（西元 1812 年 -1870 年），19 世紀英國批判現實主義小說家。他著意描寫社會底層「小人物」的生活遭遇，深刻反映當時英國複雜的社會現實。—— 譯者注

[068] 左拉（西元 1840 年 -1902 年），自然主義創始人，19 世紀後半期法國重要的批判現實主義作家。他以自然主義筆法寫了大量長篇小說，反映當時法國社會情況，揭露資產階級的荒淫無恥。—— 譯者注

[069] 思密的分工理論展現在兩個層次：一是微觀層次的勞動分工，即勞動生產力上最大的增進，以及運用勞動時表現得更大的熟練、技巧和判斷力，似乎都是分工的結果；二是宏觀層次的分工，即分工不僅是經濟進步的原因，還是其結果，這個因果累積的過程展現出的就是報酬遞增機制。—— 譯者注

化了。

　　那種使功利主義運動得名的倫理學說，追溯起來，尤其要提到哈奇森[070]（Francis Hutcheson），他早在西元 1725 年就對該學說進行了闡釋。簡單地說，這種理論認為善就是快樂，而惡則是痛苦，因此，我們所能達到的最佳狀態，就是快樂最大限度地抵消痛苦的狀態。這一觀點為邊沁所採納，並作為功利主義逐漸廣為人知。

　　傑瑞米・邊沁（西元 1748 年 -1832 年）最感興趣的是法學，在這方面，他主要是從愛爾維修[071]（Helvétius）和貝卡里亞[072]（Cesare Beccaria）那裡得到了啟發。邊沁認為，在研究如何透過合法的方式來促進最佳事態時，倫理學主要是發揮一種基礎的作用。他還是一群所謂「哲學激進派」的領袖，這群人十分關注社會改革與教育，普遍反對教會權威和社會統治階層的特權。邊沁是一位性情孤獨而謙和的人，起初，他的激進觀點並不是很明顯，但到了晚年，他雖然不大拋頭露面，卻成了一位鋒芒畢露的無神論者。他很關心教育，和自己圈子裡的激進派一樣，他也對教育的包治百病抱有很大的信心。值得一提的是，邊沁時代的英國只有兩所大學，而且只有宣稱自己信奉國教的人才能入學。直到 19 世紀後半葉，這個不正常的現象才得到糾正。邊沁希望幫助那些無法滿足現行體制苛刻條件的人們，向他們提供接受大學教育的機會。西元 1825 年，他和別的團體一起協助創辦了倫敦大學院。學院不對學生進行宗教審查，也不做禮拜儀式，這時的邊沁已經與宗教徹底決裂了。臨終前，

---

[070] 哈奇森（西元 1694 年 - 約 1747 年），英國哲學家。他認為大多人的最大幸福是道德行為的判斷準則。——譯者注

[071] 愛爾維修（西元 1715 年 -1771 年），法國著名唯物主義哲學家和教育家，也是一個教育萬能論者。——譯者注

[072] 貝卡里亞（西元 1738 年 -1794 年），義大利經濟學家、法理學家和刑罰改革者。其著作《論犯罪與刑罰》在整個歐洲有相當的影響力。——譯者注

邊沁要求將自己的遺體做成蠟像，並穿戴整齊，保存在學院裡。該展品擺放在學院的陳列櫃中，以此來永久紀念學院的創始人之一——邊沁。

追溯起來，邊沁哲學的基礎是 18 世紀早期的兩個主導理念。其一就是哈特利[073]（David Hartley）早就強調過的聯想原則，該原則最初源於休謨的因果論，休謨透過理念的聯想來解釋因果依存的概念。哈特利和後來的邊沁都把聯想原則當做心理學的基本原理。邊沁提出了自己唯一的原則，這一原則根據經驗提供的素材發揮作用，並以此取代了關於心靈及其運作概念的傳統方法。這就使他可以確定地解釋心理學，而完全不必涉及心靈概念。事實上，這些概念早就被「奧坎剃刀」剃掉了。巴夫洛夫後來提出的條件反射理論，正是建立在聯想主義心理學的相同觀點之上的。第二個原則是「最大快樂」的功利主義格言（前文提到過）。這一原則與心理學有關，因為在邊沁看來，人們盡力所做的就是去獲得自己最大的幸福。幸福在這裡的含義也就是快樂。而法律的作用就是保證在追求自身最大快樂的時候，任何人都不得妨礙他人同樣的追求。只有透過這種方式，才能使盡可能多的人獲得最大的快樂。

儘管仍然有不同意見存在，但這卻是各類功利主義的共同目標。我們完全可以這樣說，這樣的目標聽起來有些缺乏創意，而且自以為是，但它背後的意圖卻遠不只這些。作為一種致力於改革的運動，功利主義所獲得的成就顯然要超過一切唯心主義哲學的總和，而且這些成就是在沒有引起什麼混亂的情況下獲得的。同時，多數人的最大幸福原則還有另一種解釋。在自由主義經濟學家那裡，它變成了「自由主義」和自由貿易的一個正當理由。因為它假設在既定的法律制度下，如果每個人都

---

[073] 哈特利（西元 1705 年 -1757 年），英國哲學家、醫生。他主張以生理心理學來代替建立在靈魂概念上的心理學。——譯者注

自由地追求自身的最大快樂，那麼就會產生社會的最大快樂。但是，自由主義者在這方面過於樂觀了。也許有人會認為，按照蘇格拉底的觀點，如果人們不厭其煩地告誡自己和估量自己行為的後果，那麼一般來說他們會明白，損害社會最終將損害自己。問題是人們並不總是謹慎地考慮這些，反而經常憑一時的衝動和無知採取行動。所以在我們這個時代，自由放任的學說已經逐漸為一些防範措施所限制。法律就被看做這樣的機制，它保證每個人都能夠追求自己的目標，但又不妨礙他人。因此，法律制裁的目的並不是為了報復，而是為了防止犯罪。重要的是，一些侵犯行為雖然應該受到懲罰，但不應該是野蠻的酷刑（實際上，當時的英國正有這樣的傾向）。邊沁反對不加區別地實施死刑，在當時，罪過很輕微的人也會被隨意處死。

　　功利主義倫理學推導出了兩個重要結論。第一個推論是這樣的：很明顯，在某些方面，所有的人都對幸福有著同樣強烈的要求，因此他們也應該享有同等的權利和機會。在當時，這一觀點是比較新穎的，它成了激進派改革方案的一個核心原則。另一個推論則指出，最大的快樂（或幸福）只有在穩定的狀況下才能獲得，所以，平等和安全就成了最首要的考慮。而自由，邊沁認為這不是太重要。在他眼裡，自由就像人的權利一樣，似乎帶有一些形上學和浪漫主義的色彩。

　　邊沁在政治上贊同仁慈的專制，而不是民主。這就順便為他的功利主義帶來了一個難題，因為顯然沒有什麼機制可以保證立法者採取仁政。他自己的心理學理論也要求立法者總是在全面知識的基礎之上，富於遠見地行事。然而，這種設想並不完全正確。作為一個實際的政治問題，這種困難不可能得到徹底的解決，人們最多可以設法做到不讓立法者在任何時候都過於放任。

在社會批判方面，邊沁的觀點與 18 世紀的唯物主義是一致的，它的許多預見後來都被馬克思保留了下來。邊沁認為，有關奉獻的現有道德不過是統治者為了維護自身既得利益而採取的一種欺騙手段。它期望別人做出犧牲，自己卻一毛不拔，邊沁的功利主義原則就是針對這種情形提出來的。儘管邊沁生前始終是激進派的精神領袖，但這一運動的幕後驅動者卻是詹姆斯‧密爾（James Mill）（西元 1773 年 -1836 年）。密爾持有與邊沁同樣的功利主義倫理觀，同樣蔑視浪漫主義。在政治問題上，他認為人們可以做到以辯論來說服對方，並且養成在行動之前進行理性分析的習慣。相應地，他還過分地相信教育的功能。這些先入之見的實施對象首先就是他的兒子約翰‧史都華‧密爾（西元 1806 年 -1873 年）。密爾承受了父親無情地灌輸給他的教育學說。「我從來沒有做過一個孩子，」他在晚年抱怨說，「我從來沒有玩過蟋蟀。」相反，他 3 歲就開始學習希臘文，而後所學的一切都與當時的年紀不相稱，這使他顯得很老成。在他 21 歲前，這種可怕的經歷很自然地使他精神崩潰了。

雖然密爾後來很關注西元 1830 年的議會改革運動，但他並不熱衷於謀取領袖職務，這一職位曾先後屬於邊沁和老密爾。從西元 1865 年到 1868 年，密爾是下議院中的西敏代表，他繼續強烈要求進行普選 [074]，並追隨邊沁，走上了普遍自由主義 [075] 和反帝國主義的研究之路。

密爾在哲學方面的觀點幾乎完全是衍生的，《邏輯學》（A System of Logic）（西元 1843 年）可能是最能牢固樹立其聲譽的書。他對歸納法的討論在當時算是比較新穎的觀點。歸納法受到一套原則的支配，它使人

---

[074] 普選制度是指國家中的所有人都有投票權，而不是隻有男人、貴族或者富人才有這種權力。但通常來說普選制度並不是完全的「普選」——兒童、罪犯或者非本國公民仍然會被排除在外。——譯者注

[075] 不是少數特權或既得利益集團的自由，這「自由」以不得損害他人的自由為邊界。——譯者注

想起休謨的某些因果關係法則。歸納邏輯中一個爭論不休的問題就是如何證明歸納論證的正確性。密爾提出了如下見解：歸納論證的依據就是我們所觀察到的自然恆定性 [076]，而自然恆定性本身就是一種最高級的歸納。這樣一來，論證自然就成了循環論證，但密爾似乎並不為此擔心。然而，這裡還牽涉到了一個更普遍的問題，它至今仍使邏輯學家們頭疼。大體上說，困難就在於：不知為什麼，人們總覺得歸納法畢竟不那麼受推崇，儘管它本該如此，因此，它必須得到證明；不過，這樣一來似乎就會不自覺地陷入困境，但人們有時候並沒有意識到這一點。因為證明本身就是一個演繹邏輯的問題，如果歸納法本身還需要得到證明的話，那麼它就不可能是歸納的。而演繹法本身，卻沒有人覺得非證明它不可，自古以來，它就是極受推崇的。也許唯一的辦法就是讓歸納法自成一派，不與演繹法辯護發生關聯。

　　密爾對功利主義倫理學的解釋見於《功利主義》（*Utilitarianism*）（西元 1863 年）一書。該書幾乎沒有在任何地方超越邊沁。和伊壁鳩魯（也許可算第一位功利主義者）一樣，密爾最後也願意承認某些快樂高於別的快樂，但事實上，他並沒有成功地解釋，與只有數量差異的快樂相比，質量更高的快樂意味著什麼。但這並不奇怪，因為最大快樂的原則和對快樂的計算，隱含著對質量的排斥和對數量的贊同。

　　密爾試圖提出一項論證，來支持「人們追求的實際上就是快樂」這一功利主義原則，然而，他犯了一個嚴重的錯誤。「只有當人們事實上看見了某個物體，它的可見性才能被證明；只有當人們聽到了某個聲音，它的可聞性才能被證明。經驗的其他來源全都是這樣。按照類似的方式，我可以這樣理解，只有人們實際上有過要求後，才能證明什麼東西

---

[076] 也譯為「自然齊一律」。——譯者注

是符合需求的。」不過這是利用了詞語相似性的一種詭辯，它隱藏了邏輯上的差異。如果某物能夠被看見，我們就說它是看得見的。拿「符合需求的」為例，它的含義是模稜兩可的。當我說某物是符合需求的，可能只是指事實上我的確需要它。當我對別人這樣說時，當然會假定他和我一樣喜歡或不喜歡。在這個意義上，說符合需求的東西就是人們想要的東西，這是沒有意義的。不過當我們說什麼東西是符合需求的，其中還有另一個含義。比如，我們說誠實是符合需求的，這實際上是說我們應該誠實，它是人們所作的一種倫理學表述。因此，密爾的論證肯定是錯誤的，因為「可以看見的」和「符合需求的」兩者的類推是粗淺的。休謨早就指出過，我們不可能從「是」中演繹出「應該」來。

不管怎麼說，要舉出證明這一原則無效的直接反證並不難。快樂定義為想要的東西，是毫無意義的；另外，說我想要的東西就是快樂，按常理也是錯誤的，儘管一種願望的滿足的確能為我帶來快樂。在另外一些情形下，除了我有該願望這個事實之外，我想要的東西與自己的生活並沒有直接關係。例如，人們可能希望某匹賽馬獲勝，但實際上自己並沒有下賭注。因此，功利主義原則很容易招來大量的異議。但是功利主義倫理學仍舊是有效的社會行動的泉源，因為，倫理學說宣稱善就是大多數人的最大快樂。這種觀點可能被用到別處去，而沒有考慮到人們是否真的一直按照有利於這種普遍快樂的方式來行動，那麼，法律的作用就是保證最大的快樂得以實現。同樣，建立在這個基礎之上的改革目標，與其說是為了實現理想的制度，不如說是為了建立可行的制度，以便真正賦予公民某種程度的幸福，這是一種民主的理論。

密爾有一點與邊沁完全相反，即他是自由的熱情捍衛者。在著名的《論自由》（*On Liberty*）（西元 1859 年）一書中，他對這個問題給出了

最好的說明。這本書由他和哈麗雅特 · 泰勒（Harriet Taylor）共同寫成，泰勒在前夫去世後，於西元 1851 年改嫁給了密爾。在這篇論文中，密爾為思想和言論的自由作了強而有力的辯護，並建議限制國家干預公民生活的權力。他尤其反對基督教宣稱自己是諸善之源。

　　18 世紀末，預防接種降低了死亡率，隨之而來的就是人口的急遽成長，這個問題開始引起了人們的注意。馬爾薩斯（Thomas Malthus）（西元 1766 年 -1834 年）對人口問題進行了研究。他是一位經濟學家，也是激進派的朋友，此外，他還是一名聖公會傳教士。馬爾薩斯在著名的《人口論》（*An Essay on the Principle of Population*）中提出了「人口成長遠遠快於糧食供應」的理論。人口按幾何級數成長，而糧食供應卻只按算術比例成長，所以，人口成長必須得到限制，否則就會出現大規模的饑荒。在如何控制的問題上，馬爾薩斯採納了傳統的基督教觀點。人們必須透過接受教育，學會「克制」，從而保持人口的低成長率。馬爾薩斯本人結了婚，他身體力行地貫徹了這一理論，而且相當成功，他 4 年只生了 3 個孩子。儘管有這樣的成就，但現在看來，馬爾薩斯的理論也並不像他所期望的那樣有效。在這些問題上，孔多塞[077]（Marquis de Condorcet）的觀點似乎更合理些。馬爾薩斯主張「克制」，而孔多塞卻提出了現代意義上的「節育」。對於這一點，馬爾薩斯從來沒有原諒過孔多塞，因為在他堅定的道德觀念中，這類方法是罪惡的，他認為人工節育並不比賣淫好多少。

　　起初，激進派對這個普遍性問題意見不一。邊沁曾一度支持馬爾薩斯，而密爾則傾向於支持孔多塞的觀點。密爾 18 歲時，曾一度被捕入獄，因為他在某個工人階級貧民窟散發「節育」小冊子。因此他始終對

---

[077] 孔多塞（西元 1743 年 -1794 年），法國政治家、數學家、哲學家。──譯者注

普遍性的自由問題極為關注，也就不奇怪了。

《人口論》對於政治經濟學來說，是一個非常重要的貢獻，它所提出的某些基本概念後來在其他領域也得到了發展。尤其是達爾文（Charles Darwin）（西元 1809 年 -1882 年）由此演繹出了「物競天擇」原則和「生存競爭」概念。《物種起源》（*On the Origin of Species*）（西元 1859 年）一書論述了有機體按照幾何級數成長，隨之而來的就是相互間的爭鬥。達爾文說：「具有多種作用的馬爾薩斯學說適用於動植物王國，因為在這種情況下，既沒有人為的糧食成長，也不會在生育上保持謹慎的克制。」在為了有限的生存條件而進行的自由競爭中，最能適應環境的有機體將獲得勝利，這就是達爾文的「適者生存」學說。從某種意義上看，這只是邊沁「自由競爭」概念的延伸，但是在社會領域中，這種競爭必須遵循某些規則，而達爾文的「自然界競爭」並不知道有什麼約束。用政治術語來說，「適者生存」的觀點激發了 20 世紀獨裁者們的某些政治思想。達爾文本人大概不會鼓勵對其理論進行這樣的擴展，因為他自己就是一名自由主義者，同情激進派及其改革方案。

達爾文工作的另一部分，也是首創性較少的一部分，就是進化論。我們知道，這種思想要追溯到阿那克西曼德。達爾文所做的，就是在堅持不懈地觀察自然的基礎上，提供了大量事實的細節說明。世人對他的進化論證褒貶不一，但和傑出的米利都學派來相比，他肯定獲得了更好的評價。而且，達爾文理論首次把進化論假說引入了更廣泛的公開討論之中。由於它根據「物競天擇」的原則，用某種普遍的原始有機體來解釋物種的起源，因而與現行宗教所堅持的創世紀觀點是對立的，這就使得達爾文主義者與所有的正統基督教徒都發生了尖銳的衝突。

偉大的生物學家 T・H・赫胥黎 [078]（Thomas Henry Huxley）是達爾文主義的一個主要辯護者。自他以後，這些爭端就逐漸平息了下來。然而在爭執的白熱化階段，「人和高級類人猿是否有著共同的祖先」這個問題卻能夠極大地傷害人們的感情。而我倒認為，這種說法是對類人猿的冒犯。不管怎麼說，今天已經沒什麼人為此感到彆扭了。

以激進派為起點的另一條發展路線直接通向了社會主義和馬克思。李嘉圖（西元 1772 年 -1823 年）是邊沁和詹姆斯・密爾的朋友，西元 1817 年，他發表了《政治經濟學與賦稅原理》（*On the Principles of Political Economy and Taxation*）一書。在論文中，李嘉圖提出了完善的地租理論及勞動價值論。前者不為人所重視，而後者認為商品的交換價值完全取決於生產者所消耗的勞動量，這就導致了西元 1825 年湯瑪斯・霍吉斯金 [079]（Thomas Hodgskin）提出，勞動者有權從其創造的價值中獲得利益，如果資本家或地主收走了地租，這就和搶劫沒有什麼區別了。

與此同時，羅伯特・歐文 [080]（Robert Owen）也在為工人的事業奔走呼籲。他早就把一些處理勞工問題的新原則引進到自己的新拉納克紡織廠。他滿懷著高尚的倫理觀念，宣稱當時普遍剝削工人的非人道做法是錯誤的。他透過實踐表示，即使付給工人們公平的薪水，而且不用加班

---

[078] T·H·赫胥黎（西元 1825 年 -1895 年），英國生物學家、教育家，在古生物學、海洋生物學、比較解剖學、地質學等領域貢獻頗大。他曾獲劍橋、牛津等大學榮譽博士學位，並曾任英國皇家學會會長。達爾文的《物種起源》於西元 1859 年發表後，他予以英勇捍衛和廣泛宣傳，被稱為達爾文進化論的「總代理人」。—— 譯者注

[079] 湯瑪斯・霍吉斯金（西元 1787 年 -1869 年），英國古典政治經濟學家之一。早年曾參加英國皇家海軍，任海軍上尉，後因與上司意見不合而離開海軍。他以其著作《通俗政治經濟學》《保護勞動反對資本的要求》及《財產的自然權利和人為權利的比較》而被視為 19 世紀主要的「反資本主義作家」之一。—— 譯者注

[080] 羅伯特・歐文（西元 1771 年 -1858 年），英國空想社會主義者，合作社運動的創始人，也是英國職工會的最早組織者之一。他認為只有社會主義才能克服資本主義的一切罪惡，但把希望寄託於統治者的仁慈上，希望透過傳播知識解決社會矛盾。西元 1824 年到美國辦共產主義新村。著有《新社會觀》。—— 譯者注

加時，經營一個企業也照樣能夠營利。在歐文的推動下，第一部《工廠法》發表了，儘管它的條款遠沒有達到他所期望的目標。西元 1827 年，歐文的追隨者們首次被稱為社會主義者。激進派當然不會喜歡歐文的學說，因為它似乎想推翻公認的財產概念，而自由主義者更傾向於認可自由競爭及可能獲得的意外橫財。歐文領導的運動產生了合作制，而且促進了早期的工會概念。但是由於缺乏相應的社會哲學，這些早期的發展並不順利。歐文首先是一位實踐者，他對自己的主導思想懷有熾熱的信念。

為社會主義提供哲學依據的工作是由馬克思來做的。在這方面，馬克思以李嘉圖的勞動價值論為基礎，建立了自己的經濟學。他把黑格爾的辯證法看做哲學討論的一種工具。這樣一來，功利主義就成了馬克思理論的基礎，最終的結果證明，這一理論更具影響力。

摩澤爾河畔的特里爾城 [081] 是一個誕生聖人的地方，因為它不僅是安波羅修的故鄉，而且也是卡爾·馬克思（西元 1818 年 -1883 年）出生的地方。就聖人資格而論，馬克思無疑更勝一籌。馬克思出生於一個皈依了新教的猶太家庭。在大學時代，他受到了當時正盛行的黑格爾主義的強烈影響。當西元 1843 年普魯士當局查禁《萊茵報》時，他的記者生涯就突然結束了。接下來，馬克思去了法國，並結識了法國的社會主義領袖人物。他在巴黎遇見了弗里德里希·恩格斯，恩格斯的父親在德國和曼徹斯特都擁有工廠。由於曼徹斯特的工廠由恩格斯來管理，因此他能夠向馬克思介紹英國的勞工問題和工業問題。在西元 1848 年革命前夕，馬克思發表了《共產黨宣言》（*Manifest der Kommunistischen Partei*）。他

---

[081] 德國最古老的城市之一，位於萊茵河支流摩澤爾河中游河谷的一段寬闊處。城內教堂林立，有羅馬時代的豪華宮殿、大浴池、氣勢恢弘的競技場和十幾裡長的城垣。城內的馬克思故居紀念館為人所熟知。——譯者注

滿懷熱情地投入到法國和德國的革命中去。西元 1849 年，他遭到了普魯士政府的驅逐，於是就到倫敦避難。除了幾次短暫的回國之外，他一直住在倫敦，直到去世。基本上是由於恩格斯的資助，馬克思及其家人才得以生存下來。儘管生活貧困，但馬克思仍然充滿熱情地研究和寫作，為他感到即將到來的社會革命鋪平道路。

馬克思思想的形成主要受了三方面的影響。首先是他和「哲學激進派」的關聯。和後者一樣，馬克思也反對浪漫主義，而探索一種所謂的科學社會理論。他從李嘉圖那裡採納了勞動價值論，儘管做出了不同的解釋。李嘉圖和馬爾薩斯從一個假設中論證出，現有的社會秩序是不可更改的，由於自由競爭使工人的薪資保持在維持生存的程度上，因而人口的數量就可以得到控制。而馬克思卻採取了工人的立場，認為一個人創造了超出其酬勞的價值，資本家為了自身利益，將這種剩餘價值全部搜刮走，資本家正是透過這種方式剝削了勞工。然而，這實際上並不是一個私人的問題，因為，這種剝削需要同時有大量的人力和裝置來完成工業規模的商品生產，所以，我們應該按照系統化生產以及工人階級與資本家的整體關係來理解剝削。

這樣，我們就看到了馬克思思想的第二個特徵，即黑格爾主義傾向。和黑格爾一樣，馬克思也認為重要的是整個制度，而不是個人。必須解決的是經濟制度問題，而不是孤立地抱怨。尤其是在這方面，馬克思與激進派的自由主義及其改革截然不同。馬克思學說和以黑格爾派為主的哲學理論有著緊密的關聯。這也許就是馬克思主義從來沒有在英國真正盛行的原因，因為整體而言，英國人的哲學修養不是很高。

馬克思的「社會發展的歷史觀」也源自黑格爾。這種進化論觀點與馬克思全盤接受的黑格爾辯證法有關。歷史程序按照辯證的方式向前發

展，馬克思的解釋方法完全是黑格爾式的，儘管兩個人所設想的推動力並不一樣。黑格爾認為歷史程序就是以「絕對理念」為奮鬥目標，循序漸進的一種精神上的自我實現。馬克思則以生產方式取代了精神，以無階級社會取代了「絕對理念」。隨著時間的流逝，一種既定的生產體系將會在各個相關階級中導致內部的緊張，這些矛盾將逐漸產生某種更高級的合成。辯證鬥爭採用的形式是階級鬥爭，在社會主義制度下，鬥爭仍會繼續進行，直到出現一個無階級的社會為止。這個目標一旦實現，鬥爭對象就消失了，辯證過程也就可以結束了。在黑格爾眼裡，人間天堂是普魯士國家；而馬克思卻認為是沒有階級的社會。

　　馬克思和黑格爾都認為歷史的發展是無法避免的，而且這一結論都是從某個形上學理論中推導出來的。對黑格爾的批判同樣適合馬克思。馬克思敏銳地評價了一些真實的歷史事件，就這一點而言，這些歷史事件並不需要一套邏輯來宣稱自己是被推導出來的。儘管馬克思的解釋方法是黑格爾式的，但它拋棄了黑格爾堅持世界的精神本質的看法。馬克思認為，必須把黑格爾顛倒過來，於是他進一步吸納了 18 世紀的唯物主義學說。馬克思哲學的第三大組成部分正是唯物主義。在這裡，馬克思同樣對舊理論作了新解釋。他從經濟的角度解釋了歷史，其中就有唯物主義因素。

　　另外，我們還發現馬克思哲學中的唯物主義並不屬於機械論，他所主張的是一種可以追溯到維柯的能動性學說。在《關於費爾巴哈的提綱》（*Ludwig Feuerbach und der Ausgang der Klassischen Deutschen Philosophie*）（西元 1845 年）一書中，他以一句著名的格言表述了這一觀點：「哲學家們只是以不同的方式解釋了世界，而問題在於改變世界。」從這個意義上，他提出了一個很容易使人想到維柯公式的「真理」概念，並

預見了某種形式的實用主義。在他眼裡，真理不是一個思辨的問題，而必須得到實踐的證明。思辨的態度讓人聯想到資產階級的個人主義，而馬克思是蔑視後者的，他的實踐唯物主義屬於社會主義的無階級世界。

馬克思和恩格斯雕像

唯物主義這種能動性學說，已經由普遍的唯心主義學派，尤其是黑格爾主義發展起來。由於沒有各種機械論學說參與到這種發展中來，唯心主義就得以確立起這方面的理論，儘管要使它發揮自己的作用，必須先把它顛倒過來理解。維柯對馬克思的影響可能並不是有意識的，儘管後者肯定知道他的新科學。馬克思稱自己的新理論為辯證唯物主義，因此同時強調了其中的進化論因素和黑格爾因素。

我們由此可以看出，馬克思學說是一種高級學說。辯證唯物主義的支持者聲稱該哲學體系涵蓋了一切範圍，這曾導致了大量與黑格爾同樣的哲學思辨，實際上，這類問題最好還是留給科學的經驗探索。這方面最典型的例子，是恩格斯在《反杜林論》（*Anti-Dühring*）中對德國哲學家杜林[082]（Eugen Karl Dühring）的批判。然而用量變引起質變、矛盾、否定和反否定，以及針對水為什麼會沸騰而作的詳盡辯證解釋，絲毫也不比黑格爾的自然哲學更令人信服。實際上，對傳統科學貼上追求資產階級理想的標籤，是說不過去的。

　　馬克思堅持認為，在一定程度上，一個社會的普遍科學興趣能夠反映統治集團的社會興趣。這很可能是對的，因此人們也許以為，文藝復興時期天文學的復甦促進了貿易的發展，增強了新興中產階級的力量，儘管人們可以說，不能隨便用其中一個來解釋另一個。然而這一學說有兩個重要的缺陷：首先，在某個科學領域中，個別問題的解決顯然沒有必要與所有的社會壓力都扯上關係。當然，也不能否認，有時候解決某個問題是為了滿足當時的急需。不過通常情況下，科學問題並不以這種方式來解決。這樣，就引出了辯證唯物主義解釋的第二個缺陷，即沒有承認科學運動是一種獨立的力量。同樣，沒有人否認科學探索和社會上其他的事情有著重要的關聯。而隨著時間的流逝，科學探索已經累積了一定的力量，以保證自己享有某種程度的獨立。一切形式的探索都是如此。所以，儘管辯證唯物主義指出了有價值的東西：經濟影響具有塑造社會生活的重要功能，但在運用這一重要概念時，卻容易將事物簡單

---

[082] 歐根·杜林（西元 1833 年 -1921 年），曾任柏林大學講師，因尖銳批評德國的大學制度而被剝奪講課權。他曾猛烈攻擊馬克思「思想和文體不成樣子，語言的下流習氣……英國化的虛榮心……哲學和科學的落後」，在德國社會主義工人黨中造成不良影響。恩格斯遂陸續在《前進報》發表文章，逐點批駁杜林的觀點，同時闡述馬克思主義的觀點。之後出版的單行本《反杜林論》，成為一本馬克思主義的百科全書。——譯者注

化，錯誤也就隨之出現了。

這種情形在社會領域也引出了一些奇怪的推論。如果你不贊同馬克思學說，那麼別人就不認為你持有進步的立場；對於那些還沒有接受新啟示的人，留給他們的稱號就是「反動派」。從字面上來推斷，這就是說你在與進步背道而馳，辯證的過程將確保你會在適當時候被消滅，因為進步最終總會贏得勝利。因此，這就成了以暴力來消除異己的基本原理。在這裡，馬克思主義政治哲學有一種強烈的救世主特徵。正如某種早期教義的創立者所說的那樣，不贊成我們的人就是在反對我們，這顯然不符合民主學說的原則。這一切都證明了馬克思不僅是一位政治理論家，而且是一位鼓動能手和革命小冊子撰稿人。

馬克思的作品常常帶有義憤和道德上的正義色彩，如果辯證法必然會走向自己不可避免的道路，那麼這種文風似乎是不合邏輯的。正如列寧 [083]（Lenin）後來指出的那樣，如果國家正在走向滅亡，那麼就沒有必要事先大驚小怪。但是這個遙遠的歷史目標（儘管在思辨中可能讓人嘆服），卻沒有為那些時刻在受苦的人帶來多少安慰。因此，任何能夠實現的信念都是值得尊重的，儘管它與宣揚暴力推翻現有秩序的歷史辯證進化論並不完全一致。事實上，這一理論似乎主要反映了 19 世紀工人階級絕望的困境。它是馬克思用自己的經濟觀闡釋歷史的最佳範例，它強調，各個時代是根據其主導經濟秩序來提出各種觀點的。這種學說至少在一個方面危險地接近了實用主義，因為它看上去似乎正在廢除真理，轉而贊同以經濟條件決定一切的偏見。如果現在我們對這種理論本身提

---

[083] 列寧（西元 1870 年 -1924 年），原名弗拉基米爾·伊里奇·烏里揚諾夫，列寧是其筆名。他是著名的馬克思主義者、無產階級革命家、政治家、思想家、理論家、布爾什維克黨建立者、蘇聯締造者。他繼承和發展了馬克思主義，形成了列寧主義理論，被世人認為是 20 世紀最偉大的人物之一。——譯者注

出同樣的問題，那麼我們不得不說，它也只是反映了某個特定時期的某些社會條件罷了。然而在這裡，馬克思主義為了維護自己而含蓄地破了例，它認為按照辯證唯物主義模式，對歷史做出經濟性解釋是正確的。

馬克思在其預示歷史的辯證進化方面，並不是完全成功的。的確，他比較準確地預見了自由競爭制度終將導致壟斷的形成，這一點確實能從傳統的經濟理論中分辨出來。但馬克思錯誤地設想富人將越來越富，窮人將越來越窮，直到這種「矛盾」強烈到誘發革命的地步。然而事實完全不是這樣。相反，世界上的工業國家透過限制經濟領域的行動自由以及提出社會福利方案，制定了緩和明顯經濟衝突的調整辦法。革命的真正爆發並不像馬克思預言的那樣，發生在工業化的西歐，而是發生在農業社會的俄國。

馬克思哲學是 19 世紀最後的偉大體系。從大體上說，它的強大號召力和廣泛影響不僅由於其烏托邦預言的宗教特性，而且由於其行動綱領的革命性。它的哲學背景，正如我們曾經揭示的那樣，既不是那麼簡單，也不像人們常常以為的那樣新穎。對歷史的經濟性解釋只是眾多一般歷史論中的一種，說到底，這些理論都衍生於黑格爾學說。尤其是馬克思主義的矛盾學說直接借用了黑格爾理論，因而很容易遇到同樣的難題。從政治上看，在我們這個時代，該學說提出的問題也同樣具有某些重要性。今天，絕對相信馬克思理論的國家幾乎控制了半個世界。如果要使各國共同存在下去，那麼就必須在理論信仰上有某種緩和。

法國的奧古斯特‧孔德（西元 1798 年 -1857 年），是百科全書派哲學運動的一位繼承者。和哲學激進派一樣，他也尊重科學，反對現有宗教。他還試圖從數學到社會學，對一切科學進行全面分類。他和同時代的英國人一樣，也反對形上學（儘管他們根本不了解德國的唯心主義）。

因為他堅持認為，我們必須從直接來自經驗的東西開始進行探索，而且要克制自己，不要試圖深入現象背後，他稱他的學說為實證哲學。實證主義正是由此而得名。

孔德出生在古老的大學城蒙皮立 [084]，他的家庭十分受人尊敬，世代都是政府官員。他的父親是一位專制主義者和嚴格的天主教徒，但孔德成年後很快就擺脫了父輩狹隘的視野。他在巴黎工藝大學求學時，因參加了反對某個教授的學生運動而被開除。後來這件事還妨礙了他獲得大學的聘任。他 26 歲時發表了第一卷實證主義概論，從西元 1830 年起，《實證哲學教程》（*Cours de Philosophie Positive*）六卷本相繼問世。在最後的 10 年裡，孔德花費了大量的時間來精心闡釋某種實證宗教，以取代現有的宗教教義。這種新信條承認至高的是人性，而不是上帝。孔德的身體始終相當虛弱，而且精神憂鬱症幾乎使他自殺。他靠當私人導師來維持生活，也靠朋友和追隨者的餽贈來貼補家用，J·S·密爾就是他的一位資助者。然而孔德似乎對那些未能始終承認他是天才的人有些不耐煩，因而最終導致他和密爾的關係疏遠了。

孔德的哲學與維柯的哲學很相似，他曾經研讀過維柯的著作。他從維柯的理論中推導出了歷史在人的事務中居於首位的概念，同樣，這一源頭還提供了人類社會歷史發展的不同階段的概念。維柯本人早就從希臘神話的研究中演繹出了這一觀點。孔德採納了以下觀點：社會開始於最初的神學階段，並經過了形上學的階段，最終到達了他所謂的實證階段，這一階段將把歷史程序引向合理的幸福結局。在這方面，維柯是一位更為現實的思想家，他了解到社會確實能夠從精緻而文明的時代重新

---

[084] 法國西南部重要商業、工業中心，位於地中海沿岸，經萊茲河與海相通，是朗格多克 - 魯西永大區的首府和埃羅省省會。—— 譯者注

墜入新的野蠻狀態，羅馬世界的崩潰導致了「黑暗時代」就是一例。也許我們的時代也是如此。孔德認為實證階段受理性科學的支配，這就是他著名的發展三階段論。曾經有人指出，這種理論有點模仿黑格爾，但這種類似性是表面上的，因為孔德並沒有用辯證法術語來論述一個階段到下一個階段的發展，事實上，這三個階段純粹是偶然的。孔德和黑格爾的共同點在於，他們都持有歷史程序終將獲得完滿的樂觀看法。正如我們知道的那樣，馬克思也持有類似觀點，這是 19 世紀樂觀主義的一個普遍徵兆。

實證主義理論認為，一切科學領域都經歷了三個階段的進化。數學是唯一已經徹底清除了所有障礙的科學，而物理學則仍然充滿了形上學概念，儘管我們希望它離實證階段不要太遠。下面我們將看到，馬赫 [085]（Ernst Mach）是怎樣在孔德之後的 50 年裡對力學進行實證說明的。孔德試圖做的工作首先是以一種全面的邏輯順序來排列所有的科學研究領域，他在這一工作中的表現證明了他是百科全書派的真正傳人。當然，這樣的順序觀念是極為古老的，最早可以追溯到亞里斯多德。等級序列中的每一門科學都有助於解釋排在它後面的科學，卻無助於解釋排在前面的科學。透過這種方式可以得出孔德的一覽表：首先是數學，隨後是天文學、物理學、化學、生物學和社會學。

排在最後的社會學是最重要的科學。休謨曾稱它為「人的科學」，孔德專門創造了社會學一詞。按他的觀點，這門科學還有待建立，因此他自認為是它的創始人。從邏輯上看，社會學是等級序列中最後的和最

---

[085] 恩斯特·馬赫（西元 1838 年 -1916 年），奧地利物理學家、哲學家、心理學家、生物學家。他在研究氣體中物體的高速運動時，發現了激波。他還確定了以物速與聲速的比值（即馬赫數）為標準，來描述物體的超音速運動，在力學上做出了歷史性貢獻。在哲學上，馬赫是邏輯實證論者，並提出經驗主義。——譯者注

複雜的研究對象，然而事實上，所有的人對社會環境的了解，卻超過了對純粹數學公理的了解。這就揭示了歷史首要性（見維柯著作）的另一面，因為歷史的程序就是人的社會存在。社會存在的實證階段激發了孔德的想像力，它具有一切烏托邦思想體系的共同缺陷。

　　孔德的思想中存在著明顯的唯心主義因素，儘管我們不很清楚他是如何受到這種影響的。在每一個發展階段的內部，都存在著某種逐漸統一的趨勢，該趨勢貫穿了發展的三個階段。因此，在神學階段，我們可以從泛靈論 [086] 出發，這一理論把神的地位賦予原始人覺察到的一切物體。接著我們由此進入多神論和一神論。事物總是趨向於更大的統一，在科學上，這就意味著我們力求把各種現象歸入某個單一的標題之下；而在社會上，我們的目標則是擺脫個人，趨向全人類。這一點確實具有某種黑格爾意味。實證的人類將由科學菁英的道德權威來主宰，而執行的權力則委託給技術專家。這種安排和柏拉圖的理想國並沒有什麼區別。

　　在倫理學上，這一體系要求個人抑制自己的慾望，全身心投入到人類的進步事業中去。對「事業」的強調和對私利的排斥，也是馬克思主義政治理論的特點。可以預料，實證主義並不承認某種內省心理學的存在。之所以要明確地否認，是因為有人說認知的過程不可能認知其自身。這種說法暗示了在某種認知情況下，認知者一般無法認知到自身的認知。就這一點而論，我們可以說它是合理的。不過，實證主義把普遍假設當做形上學的內容通通排除，是對解釋本質的一種曲解。

　　C・S・皮爾士（Charles Sanders Peirce）（西元 1839 年 -1914）提出

---

[086] 發源並盛行於 17 世紀，亦稱物活論、萬物有靈論。認為自然界一切事物和現象都具有意識和靈性，是人類第一個有結構的、帶有某種普遍性的思想體系，是宗教的最初形態之一。在未開化的人和精神發育未成熟的幼兒身上即具有一般所認為的心性。—— 譯者注

了與實證主義完全不同的看法。孔德早已把假設當做形上學的內容拋棄了，而皮爾士卻正相反，他堅持認為，提出假設是一項具有自身邏輯性的重要活動。皮爾士的著作既多又零碎，另外，他還常常與難題和新見解較勁，因此不大容易搞清楚他的立場。但是，皮爾士無疑是 19 世紀後期最具獨創性的思想家之一，而且肯定是迄今為止最偉大的美國思想家。

皮爾士生於麻薩諸塞州的坎布里奇。其父是哈佛大學的數學教授，皮爾士自己也曾是哈佛的一名學生。除了兩次短期授課（幾年時間）外，皮爾士從未獲得過長期的學術聘任。他在大地測量局擔任行政職務時，除了科學著作，他還源源不斷地創作了關於廣泛的哲學話題的文章。他之所以未能獲得教授一職，多少與他無視所處社會的行為標準有關。而且，除了一些朋友和學者，幾乎沒有人承認他是天才，沒有人真正地理解他。完全是靠了一種使命感的驅使，才使他能夠忍受這種被埋沒的境遇。在生命的最後 25 年裡，他雖然貧病交加，卻仍然勤奮工作，直到去世。

通常，人們把皮爾士看做實用主義的創始人，不過這種看法還有待加以嚴格的限定。當代實用主義並非源於皮爾士，而是源於威廉·詹姆士對皮爾士學說所作的闡釋。之所以會有這樣的混淆，是由於多方面的原因。首先，皮爾士自己的觀點在晚期的作品中才變得明晰起來，而詹姆士則從更容易產生歧義的早期論述中得出自己的結論。皮爾士曾試圖否認詹姆士送給他的實用主義稱號，因而把自己的哲學叫做「務實主義」，希望這個粗糙的新詞能使人們注意到兩者的區別。

從表面上看，皮爾士早期的一些著作在論述實用主義時所採取的形式，確實為詹姆士的推論提供了依據。出於定義真理的需求，皮爾士普

遍地討論了探索的動機。探索產生於某種不滿或不安，據說其目的就是要去除各種煩惱，達到一種安寧狀態。人們在心情平靜的任何時候所接受的觀點，都是他盡可能認知的真理。但是人們永遠也不可能明白，新的證據也許並不要求他改變自己的立場。我們不能保證自己從來沒有犯過一次錯誤，皮爾士把這種普遍的探索理論稱為「錯誤難免論」。相應地，他還認為，真理歸根結柢是一種使社會安定的見解。就它的表面含義而言，這當然是一種謬論，因為就算我們都去相信 2 + 2 = 5，相信地球馬上就會毀滅，我們以前的算術偏差也仍然是一種錯誤。也許真有這種情況：如果我所有的鄰居都認為這是真的，那麼我的言行也許會更謹慎一些，至少假裝同意他們的看法，但那完全是另一回事。所以，皮爾士的論述必須放在「錯誤難免論」的背景中去理解。

關於一切特殊真理的意義，皮爾士堅持認為任何一個號稱正確的陳述，都必須具有實際結果，也就是說必須允許出現某個未來行動的可能性，以及在任何特定的情況下形成某種能夠相應行動的傾向。據稱，一項陳述的意義就在這些實際結果之中，詹姆士正是按照這種形式採納了實用主義。但必須記住，皮爾士的觀點在相當程度上是與維柯「真理即事實」的公式一脈相承的，真理就是你能夠按自己的陳述去做的東西。例如，如果我針對某個化學物質作了陳述，那麼該物質的禁得起實驗和審查的一切屬性，就增加了這一陳述的重要性。從大體上來看，這似乎就是皮爾士的意思。詹姆士從這些理論中挑出來的實用主義，使我們想起了普羅達哥拉斯的命題「人是萬物的量度」。而與此形成反差的皮爾士的意圖，卻在維柯的理論中得到了更好的表述。

皮爾士在假設的邏輯討論方面，做出了基礎性的貢獻。關於假設，哲學家們曾經提出過各式各樣的說法，如理性主義者可能認為假設是演

繹的結果，經驗主義者則認為假設是歸納的結果。皮爾士發現這些觀點沒有一個是充分恰當的，他說，假設是完全不同的第三方邏輯過程的結果。皮爾士把這種邏輯過程稱為「臆設法」，它相當於試驗性地採納某種假設，因為它解釋了某種特殊現象。當然，解釋現象是進行演繹，而不是接受假設。

和他的父親一樣，皮爾士也是一位成就卓著的數學家。他在符號邏輯領域有許多重大發現。除了其他發明，他還發明了用於確定複合公式「真理價值」的「真理表」方法，這一方法後來經常被邏輯學家們使用。另外，一種新的關係邏輯也要歸功於他。皮爾士還非常重視用圖解來論證自己的體系，但是論證程序的規則過於複雜，其思想似乎也沒有被普遍接受。皮爾士的實用主義觀點使他強調了數學論證的一個有趣的方面，但這個方面卻從未得到應有的重視。他堅持建立數學證明的重要性，後來這些觀點又在哥勃洛和邁爾森 [087] 的作品中出現了。

皮爾士不僅熟知數學和當時科學的發展，而且對科學史和哲學史有著全面的了解。正因為有了這種廣博的視野，他才能看到科學中蘊含了某種實在主義的形上學基礎。因此，他的形上學明顯地傾向於鄧斯·司各脫 [088] 的經院實在主義，他也確實主張實用主義與經院實在主義聯手發展。無論這是不是事實，它都表示皮爾士的實用主義與詹姆士的實用主義基本上沒有關聯。

皮爾士在自己的時代一直默默無聞，是威廉·詹姆士所作的闡釋使

[087] 埃米勒·邁爾森（西元 1859 年 -1933 年），波蘭出生的法國化學家和科學哲學家。——譯者注

[088] 鄧斯·司各脫（約西元 1265 年 -1308 年），蘇格蘭經院哲學家、神學家，著有《巴黎論著》（*Paris Lectures*）、《牛津論著》（*Oxford Lectures*）等。主張個人是行動的主體，對上帝的認識須藉助於個人沉思，人應根據自我意志去追求幸福。曾提出物質可以具有思維能力的猜測，說靈魂中可能有物質。其學說被稱為司各脫主義，曾與多瑪斯主義長期對抗。——譯者注

實用主義成了一種有影響力的哲學。如前所述，皮爾士絕不會對此感到高興，因為他的學說遠比詹姆士的實用主義精妙，只不過剛開始得不到人們的尊重罷了。

詹姆士是一位新英格蘭人，也是一名堅定的新教徒。這種背景對他的思想產生了影響，儘管他是一位自由的思想家，而且有懷疑一切正統神學的傾向。和皮爾士不同，詹姆士在哈佛大學的學術生涯是持久而有名望的，他是哈佛的心理學教授。西元 1890 年，他的《心理學原理》（*The Principles of Psychology*）一書出版，至今仍是心理學領域最優秀的普遍性論述之一。儘管哲學實際上只是他的副業，但他卻被視為美國哲學界的領袖人物。和從事文學的弟弟亨利（Henry James）不同，詹姆士為人親切、寬容，而且強烈地支持民主。他的思想雖然不如皮爾士哲學精深，但由於他的人格和地位，他在哲學上的影響力要比前者大得多，特別是在美國。

詹姆士在哲學上有兩方面的重要意義。我們剛才了解了他在傳播實用主義方面的影響和作用，而在另一個主要方面，他的思想與他所謂的「激進經驗主義」學說有關。該學說最早見於 1904 年的〈「意識」存在嗎？〉一文。詹姆士在這裡證明，傳統的主體和客體二元論是產生正確認識論觀點的一個障礙。他認為，我們必須拋棄「自我意識」概念，它被看做對立於物質世界客體的一個實體。在他眼裡，對認知的主體和客體的解釋是一種不自然的理性主義誤解，無論如何也不屬於真正的經驗主義。的確，我們沒有任何東西超越了詹姆士所謂的「純粹經驗」。純粹經驗被視為生活的具體性，它和隨之產生的抽象反思形成了對比。這樣一來，認知過程就成了純粹經驗不同部分間的一種關係。詹姆士沒有繼續指明這一理論的全部含義，但那些推崇這種說法的人後來用「中性一

元論」取代了原來的二元論，他們認為世界上只有一種基本要素。

　　在詹姆士看來，「純粹經驗」就是構成萬物的要素。在這裡，他的實用主義破壞了他的激進經驗主義，因為前者否定對人類生活沒有實際意義的任何東西，只有形成了部分經驗（即他所說的「人的經驗」）的東西才是恰當的。和詹姆士同時代的英國人史考特·席勒[089]（F. C. S. Schiller）對這個問題也持有相似的觀點，他稱自己的理論為「人本主義」。這一學說的困境就在於它的範圍太窄，不能涵蓋科學和常識始終視為自身主要任務的東西。探索者必須把自己看做世界的一部分，而世界又總是超出自己的知識範圍，否則，追求任何東西都將失去意義。如果我必然會與世界可能表現的任何東西相關聯的話，那我什麼也不用做就可以坐享其成了。儘管詹姆士正確地批判了舊的精神與物質二元論，但他自己的純粹經驗理論卻也不被人認可。關於理性主義與經驗主義這個普遍性問題，我們必須談到詹姆士所作的一個著名的區分。根據這一觀點，理性主義學說傾向於強調精神，捨棄物質，它具有樂觀的特徵，追求統一，主張反思，忽視實驗。詹姆士把那些接受這種理論的人稱為「脫離實際者」；而經驗主義理論則傾向於物質世界的探索。它是悲觀的，承認世界的分離性，認為實驗優於計畫（方案），這類觀點得到了「講求實際者」的支持。

　　當然，這種區分不能做得太絕對。實用主義學說顯然是傾向於「講求實際者」的。詹姆士在〈實用主義〉（1907 年）一文中闡釋了他的理論，並指出了它的兩面性。一方面，實用主義是一種在態度上等同於經驗主義的方法。詹姆士謹慎地認為：作為一種方法，實用主義並不規定

[089] 史考特·席勒（西元 1864 年 -1931 年），英國實用主義哲學家，自稱上繼古希臘善羅塔哥拉「人是萬物的尺度」之說，論證真理是人的主觀所創造的，並稱此觀點為「人本主義」。——譯者注

任何特殊結果，它僅僅是論述世界的一條途徑。這種方法的大致意思是：如果區別不能展現實際的差異，那麼這種區別就沒有意義。相應地，他還拒絕承認任何一個有爭議的問題已經得到了最終的解決。這類觀點大多直接來自於皮爾士，而且還會被任何一位經驗主義探索者所接受。如果不涉及任何其他的東西，那麼詹姆士說實用主義不過是一些舊思想的新名稱而已，這種說法還是十分正確的。但是，詹姆士卻從這些值得稱道的原則中，逐漸陷入了更令人懷疑的理論。實用主義的方法使他認為科學理論是未來的行動工具，而不是「自然」問題的最終合理答案。我們不應該把某個理論當做巫師聲稱能控制自然的神奇咒語。實用主義者堅持認真審驗每一個詞語，並要求它具有實用價值，即詹姆士所說的「現金價值」。從這裡只要再往前走一步，就能得出實用主義的真理定義：真理就是某種有成效的東西。杜威的工具性真理概念與它如出一轍。在這一點上，實用主義本身成了一種最曖昧的形上學，這就是為什麼皮爾士要想方設法割斷與它的關聯的緣故。且不論難以確定某個特定觀點會產生什麼樣的後果以及這些後果最終是否有成效；無論在什麼情況下，總有一些後果有成效，或者沒有成效，但不管怎麼說，都不得不以一種非實用主義的普遍方式來進行確定。如果說這些後果將會在某種無法確定的程度上有成效，從而迴避這個問題，這也是不可能的，因為這將允許我們全盤接受任何東西。詹姆士似乎也覺察到了這種困難，他承認一個人有選擇某種信仰的自由，如果這種信仰有助於幸福的話。宗教信仰就是一個不錯的例子，但這絕不是一個教徒堅持自身信仰的方式。他並不是由於猜想到這些信仰將為他帶來滿足感，才去接受它們，而是由於有了這些信仰，他才感到幸福。

　　自哲學在希臘的最初發展起，數學就始終是哲學家們特別感興趣的

一個學科，最近 200 年來的進展又明顯地證實了這一點。萊布尼茲和牛頓所論述的微積分學使 18 世紀出現了數學發明的大爆發，然而數學的邏輯基礎卻沒有得到正確理解，很多的運用都是由一些經不起推敲的概念組成的。數學分析在那個時代非常重視「無窮小」的概念，據說，它在新發明的微積分的運用方面充當了重要角色。「無窮小」是一個沒有大小、也沒有限度的量，但同時又在「逐漸趨向於零」。人們假設，正是這種量在形成微分係數和積分時發揮了作用。實際上，「無窮小」是數學譜系中最古老的一個概念，它可以追溯到畢達哥拉斯的「單元」，兩者具有十分相似的含義。

我們已經知道芝諾是如何揭示畢達哥拉斯學說的。在現代，對「無窮小」理論的批判同樣來自哲學家。柏克萊可能是第一個指出其困境的人；黑格爾在討論這些問題時也提出過一些生動有力的觀點。但數學家們起初並沒有重視這些警告，他們一如既往地探索自己的科學。當然，這樣做也沒什麼不好，不過，在新學科的起源和發展問題上，卻有一個特殊的事實：過早和過多的嚴密性將禁錮人的想像力，從而無法產生發明。從陳腐的形式主義枷鎖中獲得一定的自由，將促進某個學科早期階段的發展，儘管這意味著要承擔出錯的風險。然而，任何領域的發展，總會有一個必須增強嚴密性的時期，在數學方面，其嚴密性始於 19 世紀初。法國數學家柯西[090]（Augustin-Louis Cauchy）率先提出了一套系統的極限理論，這種理論和德國魏爾施特拉斯[091]（Karl Weierstraß）後來的工作結合後，就取代了「無窮小」概念。而格奧爾格·康托爾（Georg

---

[090] 柯西（西元 1789 年 -1857 年），一位傑出而多產的法國數學家，一生著述達 28 卷之多。他在數學領域有很高的建樹和造詣，很多數學的定理和公式以他的名字來命名，如柯西不等式、柯西積分公式等。—— 譯者注
[091] 魏爾施特拉斯（西元 1815 年 -1897 年），德國數學家。證明連續性不包括無限小。——譯者注

Cantor）則首次研究了隱藏在這些發展背後的持續量和無限數的普遍性問題。

數的無限性所導致的困難，從芝諾及其悖論起就已經存在了。如果回顧一下阿基里斯和烏龜的賽跑，我們就可以這樣來分析這場比賽令人困惑的一面：每當阿基里斯到達一個點，烏龜都占據著另一個點，可以設想，兩者在任何時候都占據著同樣多的點，然而阿基里斯顯然會涵蓋更多的路面。這似乎就違反了全體大於部分的常識性概念。但是當我們論及無限集合時，情況卻不同了。舉個簡單的例子，無限集合的正整數數列包括奇數和偶數，假如去掉所有的奇數，你可能就會認為剩下的數是原來的一半，然而餘下的偶數卻和原來數列的總數一樣多（無限之多）。這個有點驚人的結論是很容易證明的，我們首先寫下自然數數列，然後依次寫下它的倍數數列。第一個數列中的每個數都能在第二個數列中找到對應的項，也就是數學家所謂的一一對應關係，這樣，兩個數列就具有了同樣多的項。因此在無限集合的例證中，部分和全體就包含著同樣多的項。這就是康托爾用來定義無限集合的性質。

在這一基礎上，康托爾[092]提出了一整套無限數理論，尤其是他指出了存在著大小不同的無限數，儘管我們不能完全以談論一般數字的方式來考慮它們。比自然數數列更明顯的例子就是實數數列，假定所有的十進位制小數依次排列，然後我們來生成一個新的小數表，做法是取第一項的第一個數、第二項的第二個數，由此類推，並把每個數自乘一次。結果，這個新的小數表與原表（我們已經設定它是完整的）中所有的小

---

[092] 格奧爾格·康托爾（西元 1845 年 -1918 年），德國數學家，集合論的創始人。生於俄國聖彼得堡，後遷居德國法蘭克福。他於西元 1870 年開始研究三角級數，並由此導致 19 世紀末、20 世紀初最偉大的數學成就 —— 集合論和超窮數理論的建立。此外，他還努力探討在新理論創立過程中所涉及的數理哲學問題。曾任柏林數學會第一任會長，創立德國數學家聯合會並任首屆主席。 —— 譯者注

數都不同。這就證明，要生成一個可數的表是不可能的。與自然數相比，十進位制小數具有更高的無限性。這個「對角線法」後來在符號邏輯中也得到了重要的應用。

19 世紀末，另一個問題引起了邏輯學家們極大的興趣。最早的數學家們就有這樣的願望，就是證明整個科學是從某個單一起點出發，或者至少是從盡可能少的起點出發的一種演繹體系。這也是蘇格拉底「善」的形式的一個方面。歐幾里得的《幾何原理》就提供了所需的一個例證，儘管他自己的論述是不充分的。

在算術方面，可以從義大利數學家皮亞諾[093]（Giuseppe Peano）提出的一小組公設中演繹出其他的一切。基本陳述一共有五條，它們定義了級數的分類，自然數數列就是其中一例。簡單地說，這些公設表示，每個數的後繼者也是一個數，每個數只有一個後繼者。數列從零開始，雖然零也是一個數，但它本身並不是某個數的後繼者。最後是數學歸納法的原理，透過這種方式，就可以確立數列中所有數的一般屬性。該原理的運作如下：假如任何一個數「N」的某個特性既屬於它的後繼者，又屬於「零」的話，那麼它就屬於數列中所有的數。

從皮亞諾時代開始，人們就對數學的基礎問題有了新的興趣。在這個領域有兩個對立的學派。一方面是形式主義者，他們主要考慮一致性；另一方面是直覺主義者，他們採納了有點類似於實證主義的路線，要求你對自己碰巧談到的東西提出解釋或證明。這些數學發展有一個共同的特徵，那就是邏輯學家對它們感興趣。在這裡，邏輯學和數學似乎開始接觸和交

---

[093] 皮亞諾（西元 1858 年 -1932 年），義大利數學家，符號邏輯學的奠基人。他致力於發展布林所創始的符號邏輯系統，西元 1889 年他出版了《幾何原理的邏輯表述》一書，書中他把符號邏輯用來作為數學的基礎。他由未定義的概念「零」、「數」以及「後繼數」出發，建立公理系統。——譯者注

融。康德曾經認為邏輯學是完善的，從他的時代起，邏輯學理論的研究已經發生了極大的變化，尤其是產生了用數學公式來處理邏輯論證的新形式。最早對此做出系統說明的人是弗雷格（西元 1848 年 -1925 年），然而，人們竟然在長達 20 年的時間裡對他的著作毫不知曉，直到 1903 年，我使人們注意到了他的著作。長期以來，弗雷格在自己的國家裡只是一名默默無聞的數學教授，只是近年來，他作為哲學家的重要性才得到人們的承認。

　　弗雷格的數學邏輯觀產生於西元 1879 年。西元 1884 年，他出版了《算術基礎》（*Die Grundlagen der Arithmetik*）一書，書中運用數學公式徹底論述了皮亞諾的問題。皮亞諾的公設雖然省事，但從邏輯上看，卻不那麼令人滿意，因為它提出數學科學的基礎應該是這些公設，而不是別的一些陳述，這看上去似乎有些武斷。皮亞諾本人從未思考過這些問題。

　　弗雷格對自己定的任務，就是用最普遍的形式來解決這個問題。他所做的，就是把皮亞諾的公設作為自己符號體系的一個邏輯結論展現出來，這樣立即就去除了武斷的弊病，而且證明了純粹數學只是邏輯學的一種延伸。替數本身推導出某種邏輯定義，是很有必要的。把數學變成邏輯學觀點，皮亞諾的公設很明顯地展現了這一點。因為這些公設把數學的基本詞彙限定為兩個術語：「數」和「後繼者」，後者就是一個普遍性的邏輯術語。為了把詞彙完全轉換成邏輯術語，我們只需對前者做出某種邏輯性解釋就行了。這也正是弗雷格所做的，他透過純粹的邏輯概念替「數」下了定義。

　　懷海德 [094] 和我本人在《數學原理》（*Principia Mathematica*）中所

---

[094] 懷海德（西元 1861 年 -1947 年），英國現代著名數學家、哲學家和教育理論家，「過程哲學」的創始人。他受直覺主義的影響，反對「科學的唯物主義」，認為自然和宇宙是由連續不斷的經驗的事物和獨立存在的「永恆客體」結合而成的。不過，他也強調事物的整體性和相互連繫，承認事物的運動、變化、發展等。—— 譯者注

作的定義，與弗雷格的定義有著很多共同之處。書中指出，一個數就是所有的類（近似於某個特定類）組成的類。因此每個由三種東西組成的類都是數「3」的一個例子，而數「3」本身就是所有這些類組成的類。至於通常意義上的數，則是所有特殊數的類，因此最終是一個第三階的類。從這個定義中可能產生一個出人意料的特徵，即數不能相加。雖然你能夠把三個蘋果和兩個梨相加，得到五個水果，但你卻不可能把所有三元的類和所有二元的類相加。但正如我們所知，這實際上根本不是什麼新發現，柏拉圖早就說過數是不能相加的。

弗雷格透過對數學的論述，系統地闡釋了一個命題的含義和所指之間的區別。要想證明「等式並不只是空洞的重複」這一事實，就需要這種區分。等式兩邊雖然具有共同的所指，但含義是不一樣的。作為一種符號邏輯學體系，弗雷格的解釋並沒有為他贏得很大的聲譽，部分原因無疑是由於它的符號過於複雜費解。而《數學原理》則使用了近似於皮亞諾式的符號，而且已經證明它們更具適應性。從此以後，數學邏輯領域開始應用大量的符號。著名的波蘭邏輯學派設立的符號是其中最精緻的符號之一，並在上一次戰爭中得以傳播開來。同樣，在簡化符號和減少體系的基本公理數目方面也獲得了很大進展。美國邏輯學家希弗爾設立了一個單一的邏輯常量，可以利用它來依次定義命題演算的常量。藉助這種新的邏輯常量，就有可能把符號邏輯體系建立在單一的公理基礎之上。不過這都是高度專業化的問題，在這裡無法進行詳細解釋。

從純粹形式意義上說，數學邏輯不再是哲學家關切的對象，它是留給數學家處理的問題。的確，它也是一種非常特殊的數學。哲學家感興趣的是普遍性「符號」假設所產生的問題，這些假設在體系進行之前就被提出來了。

同樣，符號體系的建立過程中有時得出的矛盾結論，也引起了哲學家的興趣。《數學原理》在論述數的定義時，就得出了這樣的一個悖論。產生這一悖論的原因就是「所有類組成的類」這一概念。因為，顯然「所有類組成的類」本身也是一個類，因此屬於所有類組成的類。這樣一來，它就把自己當成了自己的成員。當然，還有許多別的類並沒有這種性質。由全體選民組成的類本身不具有普選資格。當我們考慮並非自身成員的「所有類組成的類」時，悖論也就出現了。

問題在於這個類是不是它自身的一個成員。如果假定它是，那麼它就不能成為包含自身的類的例子。但是，為了成為自身的一個成員，它又必須是我們首先考慮的那種類型，即不是自身的一個成員。相反，要是我們假定所討論的類不是自身的一個成員，那麼它就不是一個不包含本身的類的例子。然而，為了不成為自身的成員，它又必須像一開始提出的問題那樣，是本身的一個成員。無論在哪種情況下，我們都將得出一個自相矛盾的結論。

要擺脫這種困境是可能的，如果我們能注意到，絕不可站在完全相同的立足點上論述「類」和「類的類」，就像通常情況下，不在同一層次上論及一個人和一些國家一樣。因此，我們顯然沒有必要像提出悖論那樣，在談到屬於自身成員的「類」時糾纏不清地兜圈子。雖然已經有很多方法來應付關於悖論的難題，但在如何解決方面，卻依舊沒有達成普遍的共識。不過與此同時，這個問題已經使哲學家們再次意識到了審查建立命題及用詞方式的必要性。

第十一章

當代

　　我們在討論過去七、八十年的哲學時，面臨著一些特殊的困難。由於我們與這一時期過於接近，以至於很難用一種恰當的距離和超然的態度來看待它。過去時代的思想家們承受住了後人批判性的考察，隨著歲月的流逝，自然淘汰的作用越來越明顯，這也有助於人們做出選擇。一個很一般的哲學家長期獲得某種程度的聲譽，這種可能性是非常小的，儘管的確發生過重要人物被不公正地忽略的事情。

　　更大的困難則是對最近的思想家們做出選擇。對於歷史人物，我們有可能全面了解整個發展過程的各個階段；而當代的人物由於離我們太近，使我們很難以同樣的信心去辨識真相的各個部分。的確，實際情況只能如此。在事後才變得更明智，並且逐漸理解哲學傳統的發展，要相對容易一些。但是，如果以為能從當代變革的所有細節中總結出它們的意義來，這只能是一種黑格爾式的幻覺。人們最多有可能看到某些與更早時期事件相關的普遍趨勢。

　　19世紀後期的一些影響了我們這個時代知識界風氣的新發展，可以作為那一時期的代表。首先，工業化之前的陳舊生活方式崩潰了，技術力量的強大發展使得生活比以前更為複雜起來，至於是好是壞，則不是這裡要討論的問題。我們只是注意到了下述事實：和過去任何時候相比，我們對時代的要求變得更為多樣化，對日常生活的要求也更為複雜化了。

　　這些變化也同樣出現在知識領域。以前，個人曾經有可能掌握幾門學科，而今天，即使只想徹底掌握一門，也變得越來越困難了。知識探索的範圍被分割得空前狹窄，這的確已經在我們這個時代引起了語言上的混亂，這種不健康的現象是某些變革產生的惡果，而這些變革則是現代工業社會的發展強行帶來的。在不算遙遠的過去，不僅在某個國家，而且在整個西歐的大部分地區，都有著一種共同的背景，這種背景為所

有具有一定文化程度的人所分享，這當然不是普遍的或平均主義的粉飾。過去的教育往往是一種特權，一種後來被廢除的壟斷；而今天，能否為社會所認同，唯一的標準就是能力，這是另一種特權。我們喪失了共同的理解基礎，年輕人被專門化的需求和壓力引入了狹窄的隧道，以至於沒有時間去發展廣泛的興趣。其惡果就是，致力於不同探索分支的人們彼此交流起來往往感到極為困難。

19 世紀還導致了另一種更為切實的語言混亂。在這個世紀，從遠古時代起就為所有國家的學者所通用的語言衰落了，並最終走向了消亡。從西塞羅時代到文藝復興，拉丁文曾是學者、思想家和科學家的語言。高斯[095]（Carl Friedrich Gauß）在 19 世紀初期曾用拉丁文寫下有關曲面的名著，但這種情況已經有些罕見了。今天，任何領域的探索者如果想深入自己的專業工作，都不得不掌握兩、三門其他語言，這已經成了一個重要的問題。到今天，儘管某種現代語言看起來最終將發揮拉丁文曾經產生過的作用，但還是沒有找到解決這一難題的辦法。

藝術與科學的分離，是 19 世紀的另一個新特徵，這種退步違背了文藝復興時期人文主義者的思想傾向。這些早期的思想家們按照一種和諧比例的原則來追求科學與藝術，而浪漫主義影響下的 19 世紀卻強烈地抵制科學進步，彷彿它會對人造成腐蝕。科學的生活方式以及實驗室與科學實驗，彷彿禁錮了藝術家必不可少的自由和冒險精神。「實驗方法揭示不了自然的奧祕」，這個奇怪的觀點，毫無疑問是歌德以其浪漫主義腔調說出來的。不管怎樣，實驗室與藝術家工作室之間的這種對比，正好反

---

[095] 卡爾·弗瑞德呂希·高斯（西元 1777 年 -1855 年），德國數學家、物理學家、天文學家和大地測量學家，有「數學王子」之稱。他是近代數學奠基者之一，其在科學史上的影響力，可與阿基米德、牛頓、尤拉並列。他獨立發現了二項式定理的一般形式、數論上的「二次互反律」、質數分布定理及算術幾何平均。——譯者注

映出了前面所說的分離。

　　與此同時，科學與哲學之間也出現了某種分離。在 17 世紀和 18 世紀初期，在哲學上做出過重大貢獻的人，往往是那些在科學問題上並不外行的人。而到了 19 世紀，這種寬廣的哲學視野在英國和德國消失了，這種狀況主要歸咎於德國唯心主義哲學。如前所述，法國人之所以得以倖免，僅僅是由於他們的語言不容易準確地翻譯出這種哲學思想，因此科學與哲學的分離未能在法國造成同等程度的影響。從整體上說，這種分離從此繼續發展著。當然，科學家和哲學家並不是完全忽略了對方，但也許可以公平地說，他們常常不能理解對方在做些什麼。當代科學家要研究哲學，並不比唯心主義哲學家研究科學更容易。

　　19 世紀的歐洲，在政治領域處於國別差異加劇的狀態，而 18 世紀對政治問題並沒有同樣激烈的觀點。那時候，當英法交戰之際 [096]，英國紳士照樣有可能在地中海的海濱度過冬季假期。整體而言，戰爭雖然殘酷，卻打打停停，似乎有些漫不經心，並不像過去 100 年裡的國家大戰。正如許多別的現代事務一樣，戰爭也變得更有效率了。到今天，如果試圖挽救世界，使它免於徹底毀滅的話，那就得寄希望於世界的統治者們永遠無能。不過，如果讓公共事務的管理權落到日後的「阿基米德」（其戰爭武器是原子彈而不是槍炮）手中的話，我們很快就會發現自己已經沒幾天活頭了。

　　但是 19 世紀後期並沒有全面地預見到這些變化，相反，那個時代盛行著一種科學樂觀主義，它使人們相信天國會突然降臨在地球上。科學和技術的突飛猛進，似乎也讓人們感到解決所有問題的方法即將被掌握，牛頓的物理學就是用來完成這個任務的工具。但是，後一輩人的

---

[096] 西元 1756 年 -1763 年英法兩國爭奪殖民地的「七年戰爭」。法國戰敗，簽訂《巴黎和約》，英國奪得法屬北美殖民地，加強了對印度的侵略，奠定了其海上霸主地位。——譯者注

各種發現對有些人產生了猛烈的衝擊，他們仍然以為只要把著名的物理學原理應用於特殊情況就行了。在我們這個時代，原子結構方面的發現已經粉碎了世紀之交發展起來的自以為是的觀點。不過，這種科學樂觀主義的某些因素至今還保留著，用科學與技術改造世界的餘地的確是無限的。

　　與此同時，還有一種日益增強的疑慮（甚至專家們也有），即一個「美麗新世界[097]」也許並不像一些過分熱切的倡導者所想像的那樣，完全是一件幸事。在相當程度上，人與人之間的差異可能會消除，這是我們在有生之年就能看到的一種令人不快的普遍現象，這很可能會使人類社會成為一部更有效率、更穩定的機器，但它肯定會使一切思想上的努力到此結束，無論在科學領域還是別的任何領域，這種夢想實際上都是黑格爾式的幻覺。它幻想存在著可以達到的終極目標，以為探索是一個走向終極的過程。然而這種觀點是錯誤的，相反，似乎很顯然，探索是沒有止境的，也許這將最終使我們遠離烏托邦的臆造者們所夢想的那種目標。普遍的科學控制，導致了新的具有倫理學特徵的社會問題。科學家的發明和發現，就其本身而言，在倫理學上是中性的，但它們給予我們的力量卻能夠轉化成好的或壞的行為。實際上，這並不是什麼新問題，使今天的科學更具危險性的，正是現有破壞方式的可怕效能。另一個問題似乎是現代科學對破壞對象不加區別的特徵。從希臘時代以來，我們確實走過了一條漫長的路。一個希臘人在戰時可能犯下的最大的罪行，也不過是砍倒橄欖樹而已。

---

[097] 英國著名作家阿道斯·赫胥黎（Aldous Huxley）（西元 1894 年 -1962 年）著有傑出諷喻小說《美麗新世界》（*Brave New World*），矛頭直指所謂的科學主義。書中描述了一個可怕的集權工業社會：西元 2532 年，一個科學主義的烏托邦，生物技術孵化出千人一面的社會成員，基因公司壟斷了他們的愛、痛苦與熱情，乃至思考的權利與創造力。── 譯者注

　　然而，在提出所有這些警告之後，我們也許應該記住，要正確地透視我們所處的時代是非常困難的。另外，在整個人類文明史中，當一切似乎瀕臨滅亡之際，總會有一些具有遠見與魄力的人站出來正本清源。儘管如此，還是完全可以說，我們正面臨著一種全新的局面。在過去的 100 年裡，西方經歷了一次空前的物質變革。科學與哲學的對立，究其原因，是孔德實證主義的一個結果。我們在提及這一點時可以看到，孔德堅決否定了假設的建立。自然的程序可以被描述，但不能被解釋。從某些方面看，這種觀點和當時盛行的科學樂觀主義有關。只有當人們感到科學事業已經達到一定程度的完備，並感到目標即將實現時，才可能出現這樣的理論。值得關注的是，提到這個話題時，人們總是喜歡斷章取義地引用牛頓的一段話，從而使他的本意遭到了曲解。在談到光的傳播方式時，牛頓慎重地說自己沒有提出假設，他無意去做出某種解釋，但這並不意味著他無法解釋。不過，我們也許能意識到，一種有力的理論（如牛頓的）一旦創立，就會在一個時期內得到充分的應用，而不需要提出這樣的假設。只要科學家們仍然認為牛頓的物理學將會解決一切懸而未決的問題，那麼他們就會很自然地堅持描述而不去解釋。唯心主義哲學家喜歡按照黑格爾的方式，把探索的一切分支納入某個包容一切的龐大體系，而科學家正相反，他們感到自己的研究不應該陷入某種一元論哲學。

　　至於實證主義者要求把探索維持在經驗的範圍內，這是在有意識地求助於康德及其追隨者。為現象尋找理由，並聲稱提供了解釋，這無異於闖進了解釋範疇並不適用的本體之中，因此，這必定是一項不切實際的工作。所有對探索的哲學意義感興趣的科學家，都以這種態度看待科學理論。當康德的名字在這裡被引用時，必須記住的是，這些思想家所得出的觀點並不是真正意義上的康德學說。因為，正如我們所知，康德

的認識論把解釋範疇的架構看做經驗的一個前提條件，而在現在這種背景下，這些思想家聲稱解釋是非科學的，因為他們設想它超出了經驗範圍，所以我們不認為這些科學實證主義者已經透澈地理解了康德。

E·馬赫（西元 1838 年 -1916 年）就是這些科學家中最著名的代表人物。其《力學》（*Mechanik*）一書為力學提供了一種實證主義解釋，並在解釋過程中有意避免了使用牛頓物理學中曾經出現過的經院派術語。像「力」這樣的術語就是一個明顯的例子。「力」並不是我們看得見的東西，我們只能說，物體以某種方式運動，因此馬赫廢除了「力」的術語，而用純粹運動學的加速度概念來定義它。的確，馬赫並不是在宣稱建立一門將會更加有效的力學。事實上，實證主義者所做的就是運用「奧坎剃刀」剃掉空洞的科學概念中明顯的累贅。

在這裡，我們無法詳細地審驗這種刪減具有多大的合理性，但是，堅持普遍性科學方法的觀點卻具有某些重要意義。排斥假設，是誤會了解釋在科學中的作用，只要假設能夠說明現象和預測未來，那麼它就發揮了解釋的作用。如果不把假設本身當做探索的對象，那麼它就可以繼續解釋下去，只要不違背事實。但是，假設之所以能發揮解釋的作用，僅僅是因為它本身仍然沒有被解釋。當輪到它需要有說明時，它也就不再發揮解釋的作用了，不過我們必須利用尚未得到解釋的其他假設來解釋它。這一點也不難理解，你不可能同時解釋一切。而實證主義者卻錯誤地認為你根本不能解釋任何事物。如果你真的要拋棄所有的假設，那麼又怎麼來從事科學研究呢？剩下的全部方法似乎就只有培根的分類法。正如我們所知，這種方法並不能把我們引向深入。因此，恰恰是科學需要繼續發展這一事實，證明了馬赫之類的實證主義者的虛妄。邁爾森的著作對實證主義學說進行了一針見血的批判。他的認識論的確是康

德式的，雖然細節上並不一致，但在原則上是一樣的。

　　科學哲學家們在試圖用科學觀點來取代他們所蔑視的「形上學」時，常常陷入自己的形上學困境。從某種角度看，這並不奇怪。因為，他們雖然有一些正當理由來否定哲學家的形上學思辨，但卻忘了科學探索本身就是在某些預想的基礎上進行的。康德至少在這個程度上是正確的。因此，像因果關係這樣的普遍性概念就是科學工作的前提，它不是研究的結果，而是一種預想，即使只是一種人們心照不宣的預想，沒有它，研究就無法進行下去。如果以這種觀點來看問題，那麼後來出現在科學家著作中的那些新奇的哲學觀，就不像猛一看上去那麼令人鼓舞了。

　　由於科學家們贊成某種數學的儀式，就把科學陳述及程序的意義有意地拋開了。科學研究的結果已經推翻了僵化、封閉的牛頓世界觀，但整體而言，科學家們並不打算擴大這種觀點，而是滿足於利用數學理論來應付他們的問題，一旦有了恰當的解釋，這些理論就會產生充分的結果。他們不再理會計算與轉換的中間階段，後者不過是發揮了一套規則的作用。儘管這種態度並不普遍，卻流傳甚廣；令人驚訝的是，它竟使人想起了文藝復興後期畢達哥拉斯學派及其信徒的數字神祕主義。

　　這些普遍性趨勢，使哲學領域產生了一場脫離科學的運動。不僅歐洲大陸唯心主義的復甦如此，而且不列顛的語言哲學也多半如此。至於後者，從某種意義上說，它的任務確實不是去發現，而是去評價被各方接受的各種說法的價值。不管怎麼說，這也是哲學一直在做的事情之一。但是，不同的哲學觀卻能在不同的程度上，推動或妨礙科學探索的發展。

　　現在，我們必須回到正題，討論一下哲學本身。在 19 世紀後期，從大陸漂流而來的唯心主義在英國的哲學舞臺上占據了主導地位。不列

顛的雨水來自愛爾蘭，唯心主義則來自德國。然而這個領域的領軍人物卻並不完全堅持黑格爾傳統。在牛津從事研究和創作的 F‧H‧布拉德雷（F. H. Bradley）（西元 1846 年 -1924 年）批駁了唯物主義，他所追求的「絕對」使人想起史賓諾沙的上帝或自然，而不是黑格爾「絕對理念」的那個「絕對」。另外，他在討論中所採用的辯證方法，也並不是黑格爾所謂的有機生成原則，而是一種符合柏拉圖及其伊利亞傳統的推論工具。的確，布拉德雷在不遺餘力地批判黑格爾有點理性的一元論，因為後者有一種把認知與存在混為一談的傾向，這種觀點可以追溯到蘇格拉底和畢達哥拉斯學派。布拉德雷試圖在理性思維的範疇之內，達到純粹感覺或經驗的境界，我們正是在這個階段，才能夠談到實在性。思考常常歪曲了實際存在的東西，僅僅產生出一些現象。之所以造成這種結果，是因為人們把外來的分類與關係的框架強加於實在存在。因此布拉德雷認為，在思考過程中，我們會不可避免地使自己陷入矛盾之中。這種學說見於《現象與實在》（*Appearance and Reality*）一書。

　　布拉德雷抨擊思考的主要出發點是：思考必然是理性的；至於關係，正如他所說，則把我們捲入了矛盾之中。為了使這個奇怪的結論得以確立，布拉德雷採取了「第三人論證」的形式，柏拉圖式的巴門尼德派曾用這種形式來批駁蘇格拉底的參與論。由於品質與關係是有區別的，但同時又是不可分的，所以我們應該可以在任何特定的品質中，將嚴格屬於品質和關係的兩部分區分開來。不過，我們不能區分品質本身的各個不同部分，即使能，也會遇到把品質與關係這兩部分重新扯到一起的難題。這樣就會牽涉到一種新的關係，「第三人論證」也就由此介入其中了。

　　這樣一來，思考領域及其科學就陷入了矛盾的困境，因而屬於現象而不是實在。布拉德雷在這裡令人費解地繞了一圈後，卻得出了和休謨

相同的結論，儘管他們的根據不同。他和休謨一樣，也否定了「自我」概念，因為它涉及關係。正是由於同樣的理由，也必須把現有宗教的上帝當做現象不予考慮。

　　用這種方式清理了現象之後，布拉德雷在「絕對」中看到了實在，這裡所說的「絕對」，似乎就是伊利亞派從內心（比理性思考更直接的層次）體驗到的「太一」。在「絕對」中，一切差異得到了統一，一切衝突都得到了解決。但這並不意味著現象被取消了，因為在日常生活中，我們的思考和科學研究都要涉及現象。同樣，人所犯的罪，也像現象一樣扎根於日常世界，無法抹去。但是從「絕對」的高度看來，這些缺陷似乎已經消失了。

　　貝尼德托·克羅采（Benedetto Croce）（西元 1866 年 -1952 年）的哲學似乎是另一種衍生於黑格爾的唯心主義，儘管維柯的直接影響可能更大一些。克羅采不是一位學院派哲學家，他一生長壽，而且在經濟上獨立。他的國際聲望使他在法西斯時代倖免於難，沒有受到太多的騷擾。戰後，他曾在義大利政府中擔任過多種職務。克羅采創作了大量的歷史和文學作品。1905 年，他創辦了文學雜誌《批評》（La Critica），並一直擔任它的編輯。他的哲學態度有一個特點，就是強調美學，因為當心靈思索一件藝術品的時候，它正在具體地經驗。

　　克羅采和黑格爾一樣，也認為實在是屬於精神的。黑格爾的一元論不肯為不列顛經驗主義（甚至康德理論）認識論的各種困難留有餘地。儘管黑格爾強調辯證法，並堅持精神過程包含著對障礙的能動性克服，但克羅采還是在這個問題上直接回到了維柯的「真理即事實」。不管怎麼說，他看到了黑格爾主義的某些主要弱點：一是把辯證法應用於自然；二是把數的三分法搞得玄而又玄。黑格爾一開始就在他的唯心主義體系

概念中犯了錯誤，我們已經對此作了一些批判性評論。在這裡，還可以補充一點：辯證發展的學說與終極目標的實現是相牴觸的。克羅采保留了發展概念，儘管他沒有接受黑格爾對這一概念的解釋。他沒有採納辯證的程序觀點，而是對維柯的階段論進行了加工。維柯曾認為這些發展是循環式進行的，因此，萬物最終都將回到同一個起點。回顧一下就可以發現，恩培多克勒也持這一觀點。而克羅采則認為這些發展是往前進行的，因此，當心靈回到起點時，它已經在過程中有了新的覺悟。

克羅采儘管批駁了黑格爾，但他仍然在自己的著作中相當程度地保留了辯證法。他在《美學原理》（*Estetica. Vol. 1: Teoria*）中的說法就使人想起黑格爾的邏輯學。「謬誤與真理之所以會緊密地相連在一起，是因為純粹、絕對的謬誤是不可想像的；也正是因為這個原因，才不存在這種謬誤。謬誤用兩個聲音說話：一個聲音對錯誤進行斷定，而另一個聲音卻在否定它。這是一場『是』與『非』的爭鬥，也就是所謂的矛盾。」克羅采認為這段摘錄也可以用來強調以下觀點：心靈可以掌握住實在。從原則上說，世界上沒有什麼是我們不能發現的。任何不可想像的東西都不可能存在，因此，只要存在的東西就一定可以想像。需要指出的是，布拉德雷的觀點正好顛倒了過來，他認為可以想像的東西就一定存在，其表達公式是：可能存在和一定存在的東西才存在著。最後，克羅采把維柯描述成了 19 世紀的理性主義者，這是黑格爾派的影響所致，實際上，維柯應該是 17 世紀的柏拉圖主義者。

19 世紀末、20 世紀初最有影響的法國哲學家是亨利·柏格森（Henri Bergson）（西元 1859 年 -1941 年），他在反對科學方面引起了完全不同的變化。他堅持的非理性主義傳統，可以追溯到盧梭以及浪漫主義運動。柏格森和實用主義者一樣，也強調行動至上。在這方面，他對哲學

和科學探索中謹慎而冷靜的理性方式有些不耐煩。理性思考的主要特徵之一是力求精確，《沉思錄》中的笛卡兒格言就很好地表達了理性思考。首先，當我們試圖在語言的框架內捕捉瞬間的經驗運動時，我們似乎就阻礙了實在的流變，得到的只是一幅蒼白而靜止的詞語圖畫。在這裡，我們遭遇了赫拉克利特、巴門尼德的古老問題。柏格森要做的，就是堅持流變在經驗中的實在性，反對用理性的僵化形式來模仿和歪曲世界。至此，柏格森的問題似乎讓人想起布拉德雷，但答案卻完全不同。布拉德雷的形上學最終和他的邏輯理論緊密地連結在了一起，特別是真理的一致性理論，而柏格森則認為必須克服邏輯本身的影響。在這個意義上，我們可以把布拉德雷說成理性主義者，把柏格森說成非理性主義者。

和 19 世紀唯心主義及唯物主義一元論形成反差的是，柏格森哲學又回到了二元論的世界觀。然而，把宇宙一分為二的觀點並不完全就是早期的二元論。一個是笛卡兒所說的物質；另一個則是某種活力原則（不同於理性主義的心靈或精神）。活力與物質這兩種強大的力量捲入了一場永恆的爭鬥之中，積極的生命衝動試圖克服由惰性物質設定的種種障礙。在這個過程中，生命的力量雖然受到了物質條件的影響，但仍舊保持著自由行動的基本特徵。柏格森拋棄了傳統的進化論，是因為它具有理性主義傾向，這種傾向不允許出現任何全新的東西。這就損害了柏格森賦予生命的行動自由，他認為進化能產生真正的新事物，從字面意義看，進化是創造性的。

柏格森在自己最有名的著作《創造進化論》（*Evolution créatrice*）中提出了這一學說，他所設定的這種進化過程直接源自於藝術創作的類推。正如藝術家在創造性慾望的驅使下採取行動一樣，自然界的生命力

也是如此。進化的變革透過源源不斷的創造性慾望來實現，而這些慾望所針對的則是迄今尚不存在的某些新特性。

進化過程使人類成了智慧超越本能的動物，在柏格森看來，這是人類的不幸。在他之前，盧梭也有同樣的觀點。人的智慧有禁錮本能的傾向，從而剝奪了人的自由，由於智慧把它的概念性條條框框強加於世界，因而扭曲了世界的本來面目。理性主義學說認為智慧是爭取自由的力量，而我們實際上已經遠離了自由。

本能的最高形式是直覺，直覺是某種直接與世界相一致的精神活動。智慧在歪曲世界，而直覺卻在如實地掌握經驗。根據柏格森的觀點，智慧的困境就在於它只能勝任對物質世界非連續性的說明。顯然，這種觀點和如下概念有關：語言是非連續性概念的框架。至於生活，則在本質上是連續的，所以智慧不可能理解生活。在這方面，我們似乎必須依賴於直覺。柏格森認為，智慧與直覺的區別類似於空間與時間的區別。智慧分解並分析世界，它以一種夢幻般的永恆方式發揮作用。我們以前在詞的本義上對比過理論與實踐，認為智慧是理論的，它以幾何學方式來看待世界，對它來說，世界只有空間而沒有時間。然而生活卻是一種時光在流逝的實在的事務，於是直覺就介入了生活。的確，透過智慧而獲得的空間性分析有一定的意義，但它們卻使我們不能正確地理解生活。物理學理論中的時間並非真正的時間，而是一種空間性隱喻。柏格森把直覺的實在性時間稱為「綿延」，但「綿延」到底是什麼，卻不容易說清楚。柏格森似乎認為它是某種純粹的經驗，當我們停止理性思考，徹底放任自己翱翔於時間之巔時，這種經驗便主宰了我們。可以說，在某些方面，這種觀點類似於認識的存在主義模式，齊克果首先提出了這種模式，後來存在主義者加工並接受了它。

柏格森的時間理論與他對記憶的解釋有關。在記憶中，具有意識的心靈會設法聯通過去與現在。過去已經不復存在，而現在則正具有活力。當然，這種觀點所假定的恰恰就是那種數學意義上的時間。如果是在別的地方，柏格森就會想方設法摒棄它，而支持「綿延」。如果要使關於活動的陳述有意義，那麼就必須將過去與現在分開。另外，記憶一詞的雙重含義也產生了某種混淆，有時候，我們把記憶理解為此時此地正在回憶的精神活動，有時候又把它理解為正在如此回憶的過去的事件。精神活動與其對象的混淆使得柏格森把過去與現在放到一起糾纏不清。

柏格森的思想有反理性主義的傾向，因此他不喜歡為自己的觀點（期望別人接受的觀點）提供理由，無論這理由是好是壞。相反，他喜歡藉助於某種詩化的屬性來闡述自己的觀點，這樣做雖然非常精彩，但不一定能使讀者信服。的確，任何企圖超出理性範圍的準則都會面臨這種困難，因為，一旦論及接受觀點的理由，就已經進入了理性領域。

我們最好認為柏格森的理論指出了經驗的一些心理學（而不是邏輯學）特徵，從這個意義上，它與心理學理論的某些趨向是一致的。至於存在主義，我們也可以這樣去思考。心理學領域偉大的新發展就是精神分析論，不過在展開對它的簡略探討之前，我們必須提及心理學的另一個趨向，即通常所說的行為主義觀點，它在許多方面和精神分析論是對立的。心理學的行為主義是實證主義的一個分支，它否認過去的內省心理學表面上看來的神祕本質，宣稱贊同公開的行為（分析）。只有觀察到正在做的事情才有意義。在特定的情況下，我們最多只能夠透過某種方式，以概念框架來描述行為和行動的意向。而這些東西是公開的、可以觀察到的，而且禁得起物理學家實驗的檢驗。

這種方法的一種簡單的推廣，就是為心理學事件找到純物理學和生

理學的解釋，因此，在前面解釋過的意義上，這種理論就是唯物主義和實證主義的。這種發展中最著名的一個例子，就是俄國生理學家巴夫洛夫（Ivan Pavlov）的條件反射研究。我們都聽說過巴夫洛夫和流涎狗的故事，簡單地說，該實驗就是在向動物提供食物的同時發出某種訊號，例如在螢幕上顯示某個圖形。經過一段時間之後，只要出現圖形，就能使動物產生期待食物出現的生理反應，一見到相應的訊號，動物就開始流唾液。這種反應就叫條件反射。

這類研究要顯示的是，可觀察的具體情景揭示了某些有關聯的事件，而這種關聯可以透過強加的習慣（在某種程度上）來予以改變。從這一點上看，解釋中所採用的聯想主義心理學就完全是傳統的休謨方式。不過除此以外，似乎還有以下言外之意：沒有必要把這些神祕本質假設為思想；能觀察到的相關事件已經包括了我們可以說出的一切。這也許是一個極端的例證說明，無疑需要加上某些限定條件。不過，就我們現在的討論目的而言，它已經足以預示趨向了。

西格蒙德‧佛洛伊德

　　在哲學方面也出現了一種類似的發展，即語言學的一些形式廢除了傳統意義上的含義，取而代之的是語言的實際用法，或在適當場合以某些方式使用語言的意向。我們也應該像巴夫洛夫的狗一樣，去流口水，而不是去思考[098]。

　　與行為主義觀點完全對立的各種心理學理論，都與西格蒙德·佛洛伊德（Sigmund Freud）（西元 1856 年 -1939 年）這個名字有關。他從一種純生物學的觀點出發，最終確立了他的心理學，他的學說不受限制地看到了隱蔽的本質。這一理論中的「潛意識心靈」概念具有特別重要的意義。就本質而言，潛意識是不能直接觀察到的，這個理論是否健全，我們姑且不論，在這裡必須重複的是，不管怎麼說，它都是一個十分正確的科學假設。那些出於實證主義偏見而排斥假設的人，自然無法理解它在科學方法中的作用，但是在佛洛伊德這裡，潛意識心靈的理論及其運作方式，卻為心理學理論的發展提供了重要方法。首先是佛洛伊德關於夢的一般性理論，參見《夢的解析》（Die Traumdeutung）（1900 年）；其次是他關於遺忘的理論（與前者有關），1904 年出版的《日常生活的精神病理學》（The Psychopathology of Everyday Life）一書對該理論作了通俗的解釋。

　　夢與醒的區別在於：夢允許某種自由和幻想，這些東西在清醒的生活中是禁不起事實的考驗的，但做夢者的這種自由畢竟要比現實中的自由更徹底。這也是任何關於夢的普遍性理論的結論。佛洛伊德著作整體假設是：在日常生活中，由於種種原因而受到抑制的需求和慾望，卻能在夢中實現。我們不能在這裡深入地探討抑制的機制和個人心理器官的

---

[098] 俄國生理學家、心理學家、高階神經活動學說的創始人巴夫洛夫（西元 1849 年 -1936 年）用狗做了這樣一個實驗：每次給狗送食物以前開啟紅燈、響起鈴聲。這樣經過一段時間以後，鈴聲一響或紅燈一亮，狗就開始分泌唾液。——譯者注

詳細結構，但只要指出以下這一點就足夠了：做夢者有一定的自由來重新組合基於直接經驗的各種因素以及白天（乃至孩提時代）受到抑制的願望。解釋的作用就在於揭示夢的真正含義，這裡面包括對抑制過程中某些象徵符號的認識。為了掩蓋某種令人不快的真相，或擔心真實意圖得不到支持，而避免直言不諱。在做出這些解釋的過程中，佛洛伊德確立了一整套象徵符號一覽表，不過，他本人在使用這些象徵符號時，比他的追隨者們更為謹慎。在治療學方面，我們必須記住，佛洛伊德是一名醫生，他認為這些過程的暴露或對其進行精神分析，有助於調節壓抑引起的神經失調。要達到治病的目的，僅僅依賴分析是不夠的；但如果沒有它，甚至不可能作任何嘗試。當然，治療學裡的知識概念也不是什麼新東西，如前所述，蘇格拉底早就有過這種看法。當代語言分析學家們也對哲學難題持有一種極為相似的觀點，他們把這些難題比做需要用分析來治療的語言學神經官能症。

關於遺忘，佛洛伊德認為它和類似的壓抑機制有關，我們遺忘是因為在某種意義上害怕記憶。為了治癒遺忘症，我們必須知道，是什麼東西使我們害怕記憶。不管怎麼說，佛洛伊德的理論是有價值的，它在對夢做出普遍性科學解釋方面進行了認真的嘗試。當然，其中一些細節性解釋並不是完全令人信服的，例如，佛洛伊德的象徵符號一覽表似乎就不能完全接受。當然，正是由於對性行為和性壓抑的坦白承認，才使得精神分析引起了人們更多的關注，同時，這也使它成了無知者謾罵的對象。

進入 20 世紀以來，美國哲學的主導力量一直是經過修正的實用主義，這一運動的主要代表人物是約翰·杜威（西元 1859 年 -1952 年）。杜威是新英格蘭人的後裔，深受該地區古老的自由主義傳統的影響。他興

趣十分廣泛，其範圍超出了學院派哲學。他的主要影響也許是在教育領域，自西元 1894 年成為芝加哥大學的哲學教授以後，他在這個課題上就很有發言權。如果說我們這個時代，傳統教育和技術社會所需的職業培訓之間的界線模糊不清的話，那麼杜威的著作在其中發揮了部分作用。

　　杜威的哲學中的三個主導概念，把他的哲學與某些早期發展連結在了一起。我們已經提到過實用主義的因素，和皮爾士一樣。杜威也認為探索是最重要的。其次是對行動的高度重視，這一點是柏格森主義的，而不是實用主義的。如前所述，實用主義者也確實相信行動的重要性，不過我們必須回顧一下，詹姆士曲解了皮爾士，後者的能動性更接近維柯在闡述「真理即事實」時所想的東西。最後，杜威的理論中有相當程度的黑格爾因素，尤其是他堅持認為探索的終極目標是系統或統一的整體。因此，他把過程中出現的邏輯步驟視為通往整體的工具，這種工具性的邏輯概念與黑格爾的辯證法有很多共同之處，如果我們把後者當成確立完整體系的一種工具的話。

　　追隨實用主義學派的杜威，不願意受到傳統的真理和謬誤概念的羈絆，因為它們來自畢達哥拉斯和柏拉圖的數理哲學。相反，杜威論述了可保證的斷言性，這一概念衍生自皮爾士。不過我們要補充一點，皮爾士後來認為存在著一個能夠解決所有問題的答案，無論它離我們多麼遙遠。

　　關於消除絕對意義上的真理這個一般性問題，我們可以運用談論普羅達哥拉斯時的那種批判。假設有人斷定我是一個討厭的人，如果我以實用主義者的語氣問他，是否能保證這個斷言具有正當理由，那麼他會如何回答呢？實際上，如果堅持這種觀點可能對他有利，那麼就會誘使他做出肯定的回答。但是，不管他肯定或否定，他都會立即打破自己的

實用主義原則，因為這已經不再是一個保證的問題了。他根本沒有想到第二層的保證，這實際上直接導致了一種無窮的迴歸。反過來，如果他肯定或否定，他就隱晦地承認了真理的某種絕對意義，就算他搞錯了問題的真相，這一點也不會改變。他也可能真誠地做出某種回答，最終卻發現那是虛偽的。要想給出任何一個答案，都必須在無形中接受某種絕對標準。這種批判不僅對實用主義的真理理論有效，而且適用於試圖以其他標準來定義真理的任何理論。

要搞清楚這種把邏輯納入行動的企圖來自何處並不難。事實上，它來自柏格森派的不滿：按照傳統、客觀的邏輯觀，世界上就不可能產生任何真正的新事物。正是由於要求創新的呼聲，這種理論才被激發起來，並得以建立，最終出現了把人活動的多樣性和表達這種多樣性的語言與邏輯的固定框架相混淆的情況。如果不意識到這些標準，人就容易超出界限，並忘記自己能力有限這一事實。

在這裡，我們必須提到的另一位重要人物，就是我的老同事 A · N · 懷海德。前面說過，他是一位數學邏輯學家。和我一起完成了《數學原理》一書後，他的興趣逐漸轉向了當代科學的哲學問題，並最終陷入了形上學。1924 年，他實際上開始了一種新的生活，出任哈佛大學的哲學教授一職。他晚期的作品大多晦澀難懂。儘管說一本書難懂，這本身不是什麼批判，但我必須得承認，懷海德的形上學思辨對我來說，的確有些不可思議。不過，我還是要盡力對它作一番簡略的陳述。

懷海德認為，要想掌握世界，我們就絕不能遵循伽利略和笛卡兒將「實在分為第一、第二屬性」的傳統。如果這樣繼續下去，我們只能得到一幅被理性主義範疇論扭曲了的圖畫。更準確地說，世界是由無數鮮活的事件組成的，其中每一事件似乎都讓人想到萊布尼茲的「單子」。但是

和「單子」不同的是，事件是暫時的，它會消亡，並生成新的事件。不知為什麼，這些事件又發生在各種對象之上。我們可以把這些事件理解為赫拉克利特的流變，把各種對象看做巴門尼德的球體。當然，事件和對象都是抽象的，但在實際過程中，兩者又有著不可分割的關聯。至於與「實在」的真正接觸，則需要一種發自內心的認知，需要把認知者和認知對象合併為一個單一的實體。在這裡，我們想到了史賓諾沙。懷海德主張：每一個命題最終都必須根據它與宇宙體系的關係來看待。顯然，這是系統唯心主義的一種形式，儘管它並不完全具有杜威哲學的唯心主義特徵。杜威的整體概念要追溯到黑格爾；而懷海德的唯心主義則與謝林後期的有機體概念更一致。

簡單地說，這大概就是懷海德形上學的主要思想。我不敢說它將在哲學史上擁有什麼樣的地位，不過使我們感興趣的是，一種形上學的學說在這裡是以什麼樣的方式，從對某些普遍性科學問題的興趣中直接產生出來的。誠然，我們已經了解到，17 世紀的理性主義者和 19 世紀的唯心主義者都是如此。從科學理論試圖掌握整個世界這一點來看，它所追求的目標正是形上學的，不同在於，科學對嚴酷而難以解決的各種事情承擔了更大的責任。

如果可以說 19 世紀比以前的任何時代都更為徹底地改變了世界的話，那麼過去的 50 年也是如此，這一時期的改造甚至更為急遽。第一次世界大戰象徵了一個時代的終結。

進步的概念作為一種主導思想，曾經激勵了數代人。世界似乎正朝著一個更美好、更文明的方向發展，西歐是慈善家，而世界其他地方則是政治和技術上的附庸。從某些方面看，這種世界觀並不是沒有道理的。毫無疑問，西方在政治上，在掌握由工業產生的物質力量方面，占據著主導地

位。非凡的自信和上帝站在進步一方的感覺，成了這一切的後盾。工業社會的發展導致了人口的劇增，100年來，英國的人口數量成長了5倍，但是馬爾薩斯的悲觀預言並沒有成為現實，相反，由於工業社會開始克服自身的初發問題，社會的普遍生活方式逐漸變得舒適起來。

這些變革導致了樂觀主義情緒的盛行，人們對未來信心十足。而在這之前，這樣的情緒和信心一向是經常動搖的。20世紀所有的主要思潮都具有這種樂觀主義基調，功利主義、實用主義和唯物主義莫不如此。最明顯的例子也許就是馬克思學說，它甚至成功地把「進步不可避免」的信念保持到了今天。作為唯一的政治理論，它一直堅持著自己天真的信仰，儘管從那以後，世界已經飽嘗了各種動亂的滋味。就生硬的教條和烏托邦式的觀點而言，馬克思學說是19世紀的出土遺跡。

生活在這種進步的氛圍之中，人們似乎覺得世界建立在牢固的基礎之上。不僅那些富有的人有這種思想，就連那些最底層的貧民也覺得自己的命運能夠改善、將會改善，這種希望最終的確沒有落空。同時，教育的普及也有助於人們了解到改善自身狀況的途徑，因為在這個新社會中，那些沒有職權優勢的人可以透過知識和技能出人頭地。這種競爭因素在社會是一種新事物。商人之間的競爭固然和商業本身一樣古老，然而，一個人可以透過自身的努力來改善自己的境遇，這卻是一個最近才出現的新觀念。中世紀的人們普遍接受這樣的觀點：每個人的位置都是由上帝安排的，改變神定的秩序是一種罪惡，這些陳腐觀念首先是遭到了文藝復興思想家的懷疑，到了19世紀，則被徹底肅清了。

當然，這裡所描述的情況屬於工業化已經有了根基的地區，包括英國和西歐的部分地區。必須記住的是，這些地區只占地球可居住面積的一小部分。這些國家的發展對世界歷史的影響，已經與其人口數量完全

不成比例了。不過在人類歷史中，這也不是什麼新鮮事，單就面積而言，古代波斯帝國比希臘更遼闊，但它的影響卻是微不足道的。

那些生逢盛世，並受到進步思想激勵的人，似乎在滿懷信心地為將來作打算。形勢是如此的安定，以至於人們有理由從整體上展望他們的未來。同時，這些打算又完全是個人的事，因為只有透過自己的不懈努力，才能獲得地位和保障。對於社會底層的貧民，則由有責任心的公民來為其提供救濟和自願資助。奇怪的是，提供社會福利的第一個決定竟然是俾斯麥 [099]（Otto von Bismarck）做出的，為了占據對社會主義反對派的優勢，他先發制人地為工人們引進了某種形式的健康保險。

普遍自由主義的政治觀是這個時期的另一個顯著特徵。人們理所當然地認為政府從事的只是旁觀性工作，它的職責就是對各種利益衝突做出裁決，至於政府會干預工業或商業的運作，人們甚至連想都沒想過。今天，政府本身經營各種企業，則是馬克思主義影響了我們對社會問題的看法所致。至於行動自由，在整個歐洲的絕大部分地區是完全不受限制的。正如現在一樣，那時的俄國是一個例外，除了沙皇帝國要求出具護照以外，你不用帶任何證件就可以走遍西歐。同時，人們外出旅行的機會也不像現在這麼多，部分原因是由於開銷太高，限制了不少人的行動。從那以後採取的種種控制措施則顯示，國際間的信任已降到了多麼嚴重的地步。

在政治方面，西歐從西元 1870 年以來，已經享受了近 50 年的和平。事實上，這種幸福的局面並不是世界性的。非洲有殖民地衝突；在遠東，

---

[099] 奧托·馮·俾斯麥（西元 1815 年 -1898 年），普魯士宰相兼外交大臣，德國近代史上傑出的政治家和外交家，被稱為「鐵血首相」。作為普魯士德國容克資產階級的最著名的政治家和外交家，他是自上而下統一德國（剔除奧地利）的代表人物。—— 譯者注

俄國敗給了日本[100]，後者努力學習西方技術和文明，已經獲得了極大的進步。儘管如此，對於生活在我們這個角落的人來說，世界似乎仍舊是一個公正的國度。這就是 50 年前的情景，當我們回顧它的時候，就很容易感到那時候的人們彷彿生活在夢境之中。

然而整個價值體系被第一次世界大戰（1914 年 -1918 年）摧毀了。儘管在 19 世紀的程序中，已經出現了比較強烈的國家意識，但在這之前，那些國別差異是一直隱藏著的。現在，它們爆發了，並導致了空前的世界性大屠殺。隨著這場大災難的發生，人們對進步的信心銳減，懷疑的氣氛日益增長，世界再也沒有從這場破壞中完全恢復過來。

從純技術角度看，第一次世界大戰表現了武器的改進速度遠遠超過了軍人戰術思想的發展，結果導致一場可怕的、難以預料的大屠殺極大地削弱了西歐的實力。自 1918 年以來，法國的虛弱和不穩定在相當程度上就是這次戰爭的後遺症。同時，美國逐漸在世界事務中發揮了核心作用。而俄國經歷了布爾什維克革命後，建立了遠比沙俄帝國強大的新工業化社會：民族主義情緒從維也納會議以來一直在地下鬱積著，現在終於以新民族國家的形式表現出來了。每個國家都對自己的鄰國懷有戒心，行動自由受到了種種限制，直到今天，情況才有所好轉。

歐洲各國的進一步互相殘殺將真正威脅到西方文明的繼續存在，這一點已經變得明顯起來了，這也是 1919 年建立國際聯盟的主要原因。在這種努力為國與國之間的和平合作奠定基礎的嘗試中，美國總統威爾

---

[100] 1904 年 -1905 年，日本與沙皇俄國為了侵占中國東北和朝鮮，在中國東北的土地上進行了一場帝國主義戰爭，以沙皇俄國的失敗而告終。日俄戰爭促成日本在東北亞獲得軍事優勢，並獲得在朝鮮、中國東北駐軍的權利。—— 譯者注

遜[101]（Woodrow Wilson）是主要倡導者之一。事實上，由於他的建議最終未能獲得本國的支持，所以一開始就極大地削弱了國際聯盟的地位。同時，中央權力的瓦解，反而使更激烈、更不妥協的民族主義得到了空前的復甦。國際聯盟成立還不到 20 年，德國的獨裁統治者就發動了第二次世界大戰，其規模和破壞程度都超越了過去歷史上的任何一次戰爭。更龐大的軍事技術力量，更強烈的你死我活的意識形態，使軍隊之間的衝突轉化成了全面戰爭。受它影響的不僅是士兵，而且還有普通百姓。原子彈首次在日本顯示了令人驚訝的威力[102]，破壞性力量中的這一終極成果，現在已經使人類有了自我毀滅的可能。人們是否能足夠明智地抵制這種誘惑，則是個未知數。我們希望，「二戰」後取代了舊聯盟的聯合國能夠成功地制止那種不死不休的相互毀滅。

在人類的歷史程序中，推動技術發展的兩股主要力量就是貿易和戰爭。近年來發生的各種事件已經以驚人的方式證明了這一點。電子和通訊的發展產生了現在所謂的第二次工業革命。這次革命就在我們的眼前改造著世界，它所採用的方式甚至比以蒸汽機為基礎的第一次工業革命還要劇烈。同樣，運輸工具所經歷的變革也是 19 世紀做夢也想不到的。從羅馬時代到出現鐵路，相對來說，旅行方式的變化並不大，但從那以後，人類已經把伊卡洛斯[103]（Icarus）的神話變成了現實。大約 80 年

---

[101] 威爾遜（西元 1856 年 -1924 年），民主黨人，美國第 28 任總統。第一次世界大戰中，他於 1917 年 4 月代表美國對德宣戰。1918 年倡議建立國際聯盟，提出結束戰爭的《十四點綱領》。——譯者注

[102] 在第二次世界大戰中，為逼迫日本盡快投降，1945 年 8 月 6 日，美國向日本廣島投下一枚原子彈；8 月 9 日，美軍又在日本長崎投下第二顆原子彈。這對日本造成重大傷亡，成千上萬的人遭到核輻射。——譯者注

[103] 希臘神話中的建築師和雕刻家代達羅斯之子。代達羅斯為克里特國王米諾斯修建迷宮，失寵後被囚在迷宮中。他設法用蜂蠟黏合羽毛製成翅膀，裝在自己和兒子伊卡洛斯身上。二人一同飛離克里特島，途中伊卡洛斯由於飛得太高，陽光晒化了蜂蠟，落海淹死。這裡借指飛機的發明和使用。——譯者注

前，人們還以為在 80 天內環遊地球是一種幻想，而現在，只用 80 個小時就有可能做到這一點。

在某些方面，這些意義深遠的發展是如此迅速，以至於人們來不及適應新的環境。首先，大規模的國際衝突已經危及到 19 世紀普遍的安全感。人們不可能再以同樣的方式來看問題。同時，國家行為已經嚴重侵犯了曾經一度屬於個人的行動自由。產生這種情況的原因是多方面的。第一，工業國家經濟生活的日益複雜化，已經使這些國家對任何騷亂都極為敏感，由於我們現在的社會遠不如中世紀那麼穩定，因此就有必要對那些可能推翻政府的各種勢力採取一定程度的管制。第二，為了抵消不可避免的動亂，就必須提供某種均衡力量，這就使國家的行為涉入了經濟事務。第三，人們雖然喪失了獨立爭取到的保障，但國家提供的種種服務在一定程度上進行了補償，這些變化和一個國家的政治制度幾乎沒有什麼關係，而主要取決於文明世界的技術水準；值得注意的是，在那些政治體制截然不同的國家裡，這些問題卻是多麼相似。

組織體制在現代生活中的決定性影響，已經引發了非理性主義哲學思考的新傾向。從某種意義上看，這些思潮不僅反對曾激發過當代獨裁統治的權力哲學，而且反對「科學對人類自由的威脅」。非理性主義的主要哲學觀點，見於復甦的存在主義學說。存在主義近年來曾在法國和德國的哲學領域發揮過主導作用，對此，我們將作一些簡短的評論。在這裡，需要注意的要點是：這種趨向包含了各種學說，它們常常相互爭執不休。

在歐洲大陸，與存在主義學說相伴的是對傳統形上學的回歸；在英國，哲學近年來主要是沿著語言學的軌跡發展。大陸哲學與英國哲學之間的鴻溝從來不曾像今天這樣龐大，確實，它們甚至都不承認對方真的

是在從事哲學研究。

　　以上就是當代思想領域簡略的背景輪廓。如果要勾勒出一幅草圖，那麼我們不僅要冒曲解真相的風險，而且要冒缺乏洞察力的風險。在這一點上，並沒有什麼有效的解決辦法。不過，我們可以看到一個普遍性結論，迄今為止，西方文明之所以能主宰世界，是由於它的技術和產生技術的科學、哲學傳統。現在看來，這些力量似乎仍然占據著主導地位，儘管沒有任何理由能夠解釋為什麼必然如此。當西方的技術和技能傳播到世界其他地方後，我們的優越地位就因此下降了。

　　歐洲大陸的存在主義哲學在某些方面是令人困惑的，有時候確實很難看出其中有什麼東西能算傳統意義上的哲學。但整個存在主義運動共同的起點，似乎是認為理性主義哲學不能合理地解釋人類存在的意義，理性主義者透過概念體系所作的一般性描述，未能掌握個人經驗的具體特性。為了彌補這個明顯的不足，存在主義者求助於齊克果所謂的「存在主義思考模式」。理性主義從外部探討世界，不能恰當地處理鮮活經驗的直接性。要掌握世界，還必須按存在主義方式，從事物內部入手。

　　對於這種明顯的困惑，人們可以做出各種不同的論述。首先，有人可能很想指出，從這些思辨的含義看，人生是沒有意義的。生活的目的就是以一種盡可能有趣的方式活著；至於未來的目的，則都是幻想。其次，存在主義思考模式的概念本身也有一個嚴重的缺陷。如果你反思任何事物的存在，那麼你思考的必然是特定的東西。存在本身就是一個錯誤的抽象概念，甚至連黑格爾也意識到了這一點。

　　毫無疑問，這些激烈的論證是有效的，但卻容易妨礙我們看清這些思想家所要暗示的東西。所以，我們應該對存在主義採取比較寬容的態度，並盡力簡明扼要地說明它試圖表達的是什麼。卡爾·雅斯佩斯（Karl

Theodor Jaspers）的存在主義哲學雖然擺脫了唯心主義的形上學，但他所承認的三種存在中，卻保留了黑格爾意義上的某種辯證因素。雅斯佩斯年輕時對心理學，尤其是對心理病理學感興趣，並由此逐漸轉入了哲學，因此，他的哲學研究是以人為中心的。從這個意義上看，我們可以把他的存在主義描述成人本主義，沙特（Jean-Paul Sartre）就曾用這一短語來替自己的哲學命名。不過，和文藝復興時的客觀人文主義形成落差的是，這裡的存在主義最多只能算一種主觀人文主義，所以，使用沙特的格言就是對存在主義哲學家的一種曲解。

我們在雅斯佩斯[104]的存在論中，遇到了三個不同的概念。層次最低的就是客觀世界，它只是簡單地存在於此，所以，客觀世界的存在是一種從外部來掌握的「存在於此」，它涵蓋了一切門類的科學。但我們卻無法充分、正確地認識它的存在本身。適用於科學領域的客觀存在，確實妨礙了我們感受這種更高層次的存在，即雅斯佩斯所說的「自我存在」或簡稱「存在」，該存在模式不再對支配客觀存在領域的理性負責。據稱「自我存在」或「個人存在」往往含有超越自身的暗示，為了不使雅斯佩斯感到委屈，我們可以用亞里斯多德的術語來描述，即他認為「個人存在」本身隱藏著各種不確定的「潛在性」。在爭取突破自身的過程中，這種「自我」就和第三類存在協調起來，後者可以稱為「超越」，它是一種包含了前兩種存在模式的「自在」。雖然雅斯佩斯並不追求那種激勵了唯心主義者的目標，但很明顯，他的「三類存在」構成了辯證程序的一個妥當的例子。

不知為什麼，該學說在這裡竟然不可避免地陷入了理性範圍。就像

---

[104] 卡爾·特奧多·雅斯佩斯（西元 1883 年 -1969 年），德國存在主義哲學家、神學家、精神病學家。他主要探討內在自我的現象學描述及自我分析、自我考察等問題，強調每個人存在的獨特和自由性。——譯者注

我們在前面所看到的那樣，對於任何企圖在原理上顛覆理性的理論來說，這都是一個固有的難題。當然，人們受感情支配的程度，不亞於，甚至超過理性，這雖然讓人難堪，卻也的確如此。從原則上說，這並不是對理性的一種制約，不過，當它形成了某種理性的理論，卻又企圖使理性本身失效時，就會出現難堪的自相矛盾。因為，要想解釋任何事物，就必然會求助於理性，如果否定了理性的效力，就無法找到理論上的依據，我們說不出道理來，就只好保持沉默。存在主義者在一定程度上也模糊地意識到了這一點，所以，有時候他們的確也提倡沉默，儘管自己並不去實行。至於雅斯佩斯，他意識到了困難所在，並盡力作了某些修正：承認理性最終還是重要的。

雅斯佩斯在上述存在劃分的基礎上主張：本質上必然具有解釋性的科學，必然不能真正掌握「實在」。因為，如果承認解釋與解釋對象之間存在著差別，就等於無形中承認我們已經失敗。似乎可以這樣設想：一切陳述之所以都是對事實的歪曲，僅僅因為陳述並不等同於陳述對象。因此，由於陳述還涉及別的東西，所以它們就被認為是不充分的。必須注意的是，陳述在這裡之所以被視為不充分，是由於它的本質屬性不充分，而不是像唯心主義所說的那樣，是由於它脫離了能夠為它提供全部意義的其他陳述。在雅斯佩斯看來，哲學講的就是「超越」或「自在」這種存在模式，更確切地說，哲學就是個人在超越過程中的奮鬥。至於個人的道德，則在個人存在的層面上發揮作用，人們正是在這個層面上，才能彼此了解和體驗到自由感。既然自由處於理性範圍之外，我們就不能對其作理性的解釋，而只能滿足於辨認它在某些情緒中的表現。據稱，我們的自由感是與某種憂慮或恐懼感相隨的，雅斯佩斯借用了齊克果的這個短語。總之，我們可以這樣說：理性支配著「存在於此」（客

觀世界）的領域，而情緒則支配著「自我存在」的領域。

雅斯佩斯的存在主義在「超越」的層面上像齊克果學說一樣，為宗教留有餘地，而馬丁·海德格[105]（Martin Heidegger）更具形上學意味的著作卻充斥著截然不同的腔調。由於措詞十分怪異，因此他的哲學晦澀難懂，我們忍不住要懷疑語言的運用在這裡是不是太隨心所欲了。他的哲學思辨中有一個有趣觀點，即他所堅持的「虛無（不存在）是某種實證的東西」。正如存在主義中的許多其他觀點一樣，這也是一種假冒邏輯的心理學觀察。

在法國，存在主義運動曾經與文學有著緊密的連繫。該運動最著名的倡導者尚-保羅·沙特[106]，不僅創作了有影響力的哲學論文，而且創作了多部小說。他的大部分存在主義思想都是透過作品中的人物來展現的，這些人物面臨著某種行動的呼喚，這正是存在主義如此重要的一個原因。小說作為文學媒介，提供了反映人類困境的完美工具。

人類自由的存在主義觀點被沙特推向了極端。人類不斷地抉擇自己的命運，這些抉擇與傳統或個人生活中的先例並無關聯，每一個新的決定似乎都需要完全的投入。那些害怕這一真相的人，試圖從世界的合理化思考中尋求保障。在這方面，科學工作者與宗教信徒的表現是一致的，都企圖逃避現實。但沙特認為他們都錯了，世界並不像從科學角度所看到的那樣，至於上帝，則似乎從尼采時代起就已經死了。決心面對世界本來面目的人，確實容易聯想到尼采的英雄，沙特的無神論正是從這一泉源中衍生出來的。

---

[105] 馬丁·海德格（西元 1889 年 -1976 年），德國哲學家，20 世紀存在主義哲學的創始人和主要代表。——譯者注
[106] 尚-保羅·沙特（西元 1905 年 -1980 年），法國作家、哲學家、社會活動專家，法國戰後存在主義哲學思想的代表人物。曾任中學哲學教師，第二次世界大戰爆發後應徵召入伍，後參加法國地下抵抗運動。——譯者注

　　沙特反對的實際上是理性主義的必然性概念。這一概念見於萊布尼茲和史賓諾沙的著作，並為唯心主義哲學家們所繼承。我們不妨回顧一下，在這些思想家看來，任何存在物原則上都是可以被視為必然的，如果我們採取某種足夠寬容的看法的話。這樣，自由學說就不可避免地要採用史賓諾沙或黑格爾的形式，自由存在於和必然性運作相協調的存在之中，這種自由觀一旦遭到拋棄（如沙特那樣），其他觀點似乎就會自動出現。前面說過，理性主義的必然性觀點支配著理論科學，因此，一旦我們採納了存在主義的自由學說，那麼就必須拋棄這種必然性觀點。同樣，還必須拋棄理性主義神學，儘管沙特走得太遠了，企圖把它和無神論相連起來。如果我們有沙特所設想的那種自由，那麼我們就可以隨心所欲地進行選擇。如前所述，對於這個問題，實際上不同的存在主義思想家已經作了不同的選擇。

　　在批判理性主義的必然性觀點時，存在主義特別關切一個重要的論點。但是，它的哲學批判並不比基於心理學基礎的情感斷言更有說服力。正是從一種壓抑的情緒中，存在主義發起了對理性主義的反叛。這種反叛導致了一種奇怪的個人世界觀，即現實世界是自由的一個障礙。理性主義者在探討關於自然運行的知識時看到了自己的自由；而存在主義者則在自己的情感放縱中看到了自由。支撐這一切的基本邏輯觀點，可以追溯到謝林對黑格爾的批判。從普遍邏輯原理中是不可能推導出存在的，任何正統的經驗主義者都樂於贊同這樣的批判。不過，由於前面已經對這個問題談了很多，因此就不必再作補充了。

　　的確，假如在這一批判的基礎上演繹出某種存在主義心理學，似乎就推翻了這個值得稱道的批判。這也正是沙特理論想要實現的目標。在對各種心理狀態的描述中，含有許多有趣、有價值的意見，但人們如果

根據這種方式來行動和感知，則不是「存在並非邏輯上必然的」這一事實的邏輯結論，否則就會在同時既肯定又否定謝林的觀點。所以，雖然人們完全可以認為心理觀察是精確的，但要想把這種觀察結果轉化為本體論，則是行不通的，而這正是沙特的著作《存在與虛無》（L'Être et le Néant）的目的所在。該書具有朦朧的詩意和奔放的語言，可算德國傳統的上乘之作。該書試圖把個別的人生觀轉化為本體論，對於傳統哲學家（不管是理性主義還是經驗主義）來說，這似乎是一個古怪的想法，就像有人要把杜斯妥也夫斯基 [107]（Dostoyevskiy）的小說變成哲學課本一樣。

需要注意的是，存在主義者可能會反駁說，我們的批判並不中肯，因為我們用的正是理性主義標準，我們不是在討論存在主義問題，而是在理性主義邏輯的範圍內活動。也許的確如此，不過，這樣的異議也可以反過來駁斥自己。這純粹是另一種說法，即任何標準都只能在理性領域內發揮作用，語言也是如此，所以，利用語言來宣揚存在主義學說是危險的。或者，也可以滿足於某種詩性的抒發，這樣，每個人都能從中獲益。

加布里埃爾·馬塞爾 [108]（Gabriel Marcel）和沙特的不同之處在於，其存在主義哲學具有宗教傾向。在這方面，它有些類似於雅斯佩斯的學說。像所有的存在主義思想家一樣，馬塞爾也特別關切個人及其對人類獨特處境的具體經驗。至於一般的哲學，馬塞爾認為有必要超越分解、

---

[107] 杜斯妥也夫斯基（西元 1821 年 -1881 年），19 世紀俄國文學的卓越代表，與列夫·托爾斯泰、屠格涅夫等人齊名。他是俄國文學史上最複雜、最矛盾的作家之一，所走過的是一條極為艱辛、複雜的生活與創作道路。有人說，「托爾斯泰代表了俄羅斯文學的廣度，杜斯妥也夫斯基則代表了俄羅斯文學的深度」。—— 譯者注

[108] 加布里埃爾·馬塞爾（西元 1889 年 -1973 年），法國哲學家、劇作家，存在主義的代表人物之一。其思想重在渲染孤獨的人的存在及其痛苦，宗教色彩明顯。他認為，人在本質上是一種過渡性的存在，永在「旅途」中，無憂終點，只有與上帝「交流」才能體驗到自己真實的存在。—— 譯者注

分析式的通常反思。為了看清整體意義上的實在，我們必須把被理性主義分解的各個片段重新組合在一起。這種綜合性操作是透過馬塞爾的「第二力量反思」來實現的，其意義在於表達更為強烈的概念和更高形式的反思。「第一力量反思」是外向的，而更高的「第二力量反思」則是內向的自我審視。

肉體與心靈的關係是馬塞爾思考的問題之一，它源於馬塞爾對人類困境的關注（如個人在某個特定的現實背景中被打倒），他對笛卡兒二元論的批判，使人想起柏克萊，後者批駁了那些把視覺混同於幾何光學的人。說心靈有別於肉體，等於是設定了一個暗喻：不知為什麼心靈游離於肉體之外，而且心靈與肉體是兩個不同的東西。大體上說，這似乎就是馬塞爾十分合理的觀點。但他把問題的解決和綜合反思連繫到了一起，而我們卻覺得，在此稍作語言分析就可以揭示出謬誤所在。

產生於世紀之交的實證主義，其代表人物之一是馬赫，我們在前文已經談到過他的力學著作。在隨後的 20 年裡，他逐漸對符號邏輯產生了更大的興趣。這兩種趨向的結合，形成了以石里克（Moritz Schlick）為中心的新運動。石里克和馬赫一樣，也是維也納大學的教授，以他為首的團體被稱為維也納學派，他的哲學後來作為邏輯實證主義而廣為人知。

邏輯實證主義正如其名稱所示，它首先是實證主義的。該學說堅持認為，我們的全部知識都來自科學；嚴格地說，舊的形上學全是空話。除了經驗，我們不可能認知任何別的東西。假如拋開「本體」不論，那麼這一觀點就類似於康德的思想。他們不僅堅持經驗性的考察，而且提出了一種內涵標準，後者與實驗室科學家的傳統實用主義有些關係。這就是著名的可驗證性原則，根據該原則，一個命題的內涵就是其驗證方

法。它衍生於馬赫，馬赫在定義力學術語時就使用了這種方法。

　　雖然邏輯實證主義運動發源於維也納，但卻並沒有在維也納維持下來。1936 年，石里克被他的一名學生殺害了。由於納粹政權的禁錮即將到來，學會其他成員認為有必要搬到別的地方去定居，結果，他們都去了美國或英國，卡爾納普[109]（Rudolf Carnap）去了芝加哥，韋斯曼[110]（Friedrich Waismann）去了牛津。與科學語言的統一化趨勢相一致的是，該運動在戰爭爆發前夕出版了《統一科學國際百科全書》（*International Encyclopedia of Unified Science*）的首批專著。這套書由芝加哥大學出版社出版，主編奧圖·紐拉特[111]（Otto Neurath）於 1945 年在英國去世。因而邏輯實證主義就從其故土移植到了英語國家，並再次與不列顛經驗主義的古老傳統發生了關聯；在某種程度上，它是這一傳統的受惠者。在英國，邏輯實證主義學說透過 A·J·艾耶爾[112]（Alfred Jules Ayer）的《語言、真理與邏輯》（*Language, Truth, and Logic*）（1936 年）一書，首次贏得了廣泛的關注。

　　實證主義運動的內部盛行著某種共同的立場，即輕視形上學，重視科學。但別的領域卻在邏輯、科學方法問題上存在著很大的分歧，尤其是「可驗證性原則」遭到了各式各樣的解釋。事實上，實證主義運動的

---

[109] 卡爾納普（西元 1891 年 -1970 年），美國哲學家，邏輯實證主義的主要代表。生於德國隆斯多夫，卒於美國加州聖莫尼卡。早年受教於弗雷格門下，1941 年加入美國籍。後任教於芝加哥大學、加州大學洛杉磯分校。他認為，一切關於世界的概念和知識最終來源於直接經驗。——譯者注

[110] 韋斯曼（西元 1896 年 -1959 年），奧地利哲學家，語言分析哲學的主要代表之一。早年受教於維也納大學，後任該校數學講師。納粹德國入侵奧國之後移居英國，先在劍橋大學，後來又轉到牛津大學任教。——譯者注

[111] 奧圖·紐拉特（西元 1882 年 -1945 年），奧地利科學家、哲學家、社會學家及經濟學家，邏輯實證主義維也納學派的創始人之一。——譯者注

[112] A·J·艾耶爾（1910 年 -1989 年），英國哲學家，邏輯實證主義者。曾任教於牛津大學、沃德姆學院、倫敦大學，並曾當選為英國科學院院士、美國科學院名譽院士、丹麥科學文學院外籍院士。他認為哲學僅僅是一種分析活動，應從事語義分析、定義分析、認識論分析、辯護分析、構成分析和語言的日常用法分析。——譯者注

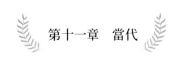

歷史就是圍繞如下探討來發展的：可驗證性原則究竟有著什麼樣的地位和意義？

　　和真理的實用主義理論一樣，內涵的可驗證性理論也面臨著難以自圓其說的困境。因為，如果我們已經找到了某種驗證命題的方法，並對這種方法進行一番描述性的解釋，那麼我們現在就可以問：這種解釋的內涵是什麼？這就立即導致了內涵需要驗證的無限循環，除非我們在某個階段認為命題的內涵就在眼前，不必驗證。但這樣一來，最初的原則就被打破了，而且我們還可以說：內涵能夠被立即直接辨識出來。

　　實證主義者進一步的困難，就是要把一切哲學思辨當做毫無意義的東西予以拋棄，因為，可驗證性理論本身就是一種哲學理論。為了盡可能避開這一難題，石里克論證說：可驗證性原則實際上深藏在我們的行為之中，之所以要費這麼多筆墨來陳述它，只是為了提醒我們事實上自己是如何去做的。但是，如果真是這樣的話，那麼這一原則就最終是正確的，從而表達了某個哲學立場，因為，大家都承認它並不是經驗科學的一個陳述。

　　石里克試圖擺脫連續性驗證的無限循環。他認為，內涵最終是從明顯的經驗中推導出來的，是後者把前者賦予了命題。卡爾納普在尋求類似的目標，他試圖建立一套形式邏輯體系，把認識論問題納入原始理念，這些理念則由認可相似性的某種基本關係連繫到一起。這種辦法的基礎是一個與真理理論對應的心照不宣的假設。作為對認知問題的一種解釋，該理論的缺陷在於：它要求我們成為局外人，讓經驗與命題自己去進行比較。

　　紐拉特意識到了這一困境，他堅持一個命題只能和另一個命題相比較。按照他的看法，向命題提供支持的是「擬定性陳述」；他把這種陳述

和通常的經驗性陳述放在一起來考慮，也就是說，它們並不是必然的。卡爾納普採取了相似的看法，但他認為「擬定性陳述」是不容置疑的起點，這種觀點有點笛卡兒主義的意味。無論在什麼情況下，這種探討問題的方法都會使我們按照傳統理性主義的方式，得出一種一貫性的真理理論。

在邏輯實證主義哲學的根本問題上，卡爾納普最終把注意力轉向了大不一樣的立場。如果人們能夠發明某種形式化的語言，其結構是如此奇妙，以至於使不可驗證的陳述無法得到闡述，那麼使用這樣一種語言，就可以讓一切實證主義者心滿意足。可驗證性原則就被按原樣植入了該體系的句法之中。不過，這種處理問題的方法也不夠充分。首先，內涵的問題不可能納入句法結構，因為後者涉及的是遣詞造句的方式。其次，建構這樣一種體系，等於是在心照不宣地設想：現在，所有的發現都已經完成。在某些方面，它等於是黑格爾的體系，後者的基礎也是相似的觀點，即世界已經進入了最後的階段。儘管維根斯坦（Ludwig Wittgenstein）不是維也納學派的成員，但在邏輯實證主義者看來，他仍是一位非常重要的人物。他早期的邏輯理論對前者的思想產生過很大的影響。不過，當邏輯實證主義扎根於英國之後，為它帶來全新轉變的卻是維根斯坦後期語言學的發展。

實證主義運動產生了各式各樣的學派，其中最重要的學派之一就是語言分析學派，在過去數十年中，它主導了英國哲學。和正統的邏輯實證主義一樣，語言分析學派也堅持以下原則：一切哲學困惑都是在語言運用上敷衍的結果。因此他們認為，每一個闡述得當的問題都會有一個明確的答案。進行分析的目的就是指出「哲學的」問題產生於對語言的隨意濫用。如果闡明了這些問題，那就說明濫用語言是沒有意義的，困

惑自然也就消失了。所以只要運用得法，我們就可以把哲學看做某種語言療法。

　　可以用一個簡單的例子來闡明這種方法，儘管我並不認同針對這一點的特殊論證。人們常常問自己，一切是如何開始的，是什麼啟動了世界？或者說世界開始運行時是什麼樣子的？姑且不論答案，我們先來仔細考察一下問題的措詞。問題的中心詞就是「開始」。在日常交談中，這個詞是怎樣運用的呢？為了解決這個附帶的疑問，我們必須考察一下使用這個詞的一般情形。比如，一場交響音樂會可能在 8 點開始。開始之前，我們可能要進城吃飯；結束以後，我們就要回家。必須注意的一個要點是：只有問開始之前或開始之後發生了什麼才是有意義的。「開始」是指時間上的一個點，它代表了事件發生的一個階段。假如我們現在回到「哲學的」問題上來，立刻就會明白自己正在以某種截然不同的方式使用「開始」這個詞。因為我們從未打算問每一件事開始之前都發生過什麼。的確，透過這種方式，我們就可以看到問題的錯誤所在。如同尋找某個圓的方形一樣，尋找沒有開始的開始同樣是不可能的。一旦明白了這一點，我們就不會再提這樣的問題，因為它是毫無意義的。

　　維根斯坦（西元 1889 年 -1951 年）對英國的分析哲學產生了極大的影響。他曾一度和維也納學派有過接觸，和該學派的成員一樣，在希特勒（Hitler）德國的風暴來臨之際，他也離開了原來的居住地。他後來遷居到了劍橋，1939 年 G・E・摩爾（George Edward Moore）退休之後，他應徵擔任了教授一職。出版於 1921 年的《邏輯哲學論》（*Tractatus Logico-philosophicus*），是他生前出版的唯一著作。他在書中提出了「一切邏輯真理都是同義反覆」的觀點。根據他的專門含義來理解，「同義反覆」是一個命題，與之相對的是自相矛盾。在這個意義上，「同義反覆」

基本上相當於更為常用的術語「分析」。在晚年，維根斯坦的興趣從邏輯學轉向了語言分析。就現存的記載來看，他的觀點見於教學筆記和他去世後才發表的論文集（我手頭有其中兩卷）中。由於文體獨特而深奧，他很難乾脆俐落地進行描述。至於他晚年哲學理論的基本原則，用這句話來陳述也許是恰當的：「詞的內涵在於其運用」。

維根斯坦在進行解釋的過程中，提出了「語言遊戲」的比喻。按照他的見解，有些語言的實際運用就像是一場遊戲，比如下棋，其中既有對弈者必須遵循的一定規則，又有允許走棋的某種限制。後來維根斯坦完全摒棄了自己早年的《邏輯哲學論》，對當時的他來說，似乎有可能把一切陳述都解析成不可再分的簡單終極成分。所以這一理論有時也被稱為「邏輯原子論」，它與早期理性主義的單純終極學說有著許多共同之處。人們正是以它為基礎，試圖創造出能夠極其精確地表述一切的完美語言。維根斯坦在晚年否認了創造這種語言的可能性。我們永遠也不可能完全避免混淆。

透過掌握各種語言遊戲的規則，我們就可以從詞彙的運用中獲得它們的內涵。也就是說，我們有時需要學習某個詞的「語法」或「邏輯」。這一專門術語在語言分析學中得到了廣泛的傳播。那麼，形上學問題的產生就會是未能掌握詞的「語法」的結果。因為我們一旦正確地理解了規則，就沒有理由提出這類問題了。語言治療法已經治癒了我們的「隨意濫用」。

儘管維根斯坦極大地影響了語言哲學，但在某種程度上，語言分析還是按照自己的一些方式來發展的。尤其是在語言區別方面出現了某種新的趣味，不管它具有什麼樣的療效。一種新的經院哲學已經產生，並像它的中世紀先驅一樣，駛入了有些狹隘的軌道。絕大多數語言分析流

派都有一個共同的信念，即日常語言是充分適當的，困惑來自哲學的謬誤。這種觀點忽略了如下事實：日常語言充滿了過去哲學理論逐漸褪去的色彩。

　　前面舉出的例子揭示了應該如何來理解常用療法。在清除深奧晦澀、錯綜複雜的形上學糟粕方面，這種分析法的確是有效的武器；但作為一種哲學理論，它卻存在著一些缺陷。的確，我本來應該想到，哲學家們一直在默默地進行修正。今天之所以不願意承認這一點，是出於某種學問上的狹隘觀念，這種觀念似乎正是最近的新風尚。尤其嚴重的問題是，日常用語被奉為一切爭議的仲裁者。我認為，日常語言本身也有被嚴重混淆的可能，這一點似乎是很顯然的。假如像對待善的形式一樣來對待日常語言，不去探究它是什麼、怎樣產生、運用和發展，那麼這至少也是危險的。正如生活中所運用的那樣，心照不宣的假設就是具有某種優越性和潛在智慧的語言。和它有間接關聯的進一步假設，則允許忽視所有的非語言知識，那些語言分析的信奉者正是醉心於這種隨意的做法。

結束語

我們的敘述已經接近尾聲。現在，讀者可能會問自己從中有什麼收穫。應該提醒讀者的是，我們所討論的每一個主題，都有完整的專著可供查閱。在本書的寫作過程中，我只考慮了浩瀚資料中的一小部分。不過，僅僅熟讀一本書（不管其範圍多麼寬廣）是從來不會把讀者變成專家的。如果是單純地閱讀，即使讀得再多，一個人對事物的理解力也是不會自動提高的。除了擴充見聞以外，還必須對涉及的各種問題進行認真的思考才行。這也是研究哲學史的一個理由，在我們處理每一個論題時，都會有專家提供如此齊備的詳盡著作。

對於外行而言（實際上對學者也是如此），重要的是靜下心來，不要草率行動，而要從宏觀上掌握問題。要做到這一點，就需要進行一種既不龐雜也不過於沉迷於細節的考察。這種考察首先要經過獨立思考。我們所作的並不是名詞解釋意義上的百科全書式闡述，無論對人還是對思想，都根據需求有所取捨。我們最大的願望就是提供普遍性思潮的概貌，同樣，對歷史背景資料也進行了嚴格的規劃和精簡。本書無意向讀者講述歷史，而是要經常提醒讀者不要忽略產生哲學觀點的歷史背景。另外，本書還強調了西方文化傳統從古希臘到當代的連續性。

可能有人會問，在這樣一本歷史書中，我們為什麼沒有為通常所說的「東方智慧」留一席之地？對於這個問題，我們可以做出若干回答。首先，由於東西方兩個世界的發展有一定的隔離，所以單獨講述西方思想是允許的。另外，這已經是一項足夠艱難的工作。所以我們才會做出

結束語

選擇，將探討的範圍限於西方。不過還有另一個理由是你必須相信的，因為在某些十分關鍵的方面，西方的哲學傳統有別於東方的心靈思辨。東方文明不像希臘文明那樣，允許哲學運動與科學傳統聯袂發展。正是這一點賦予了希臘探索獨特的視野，也正是這種雙重性傳統造就了西方文明。

理解這種特殊關係是十分重要的。在特定領域內進行的科學探索，與哲學並不是同一件事，但哲學思考的泉源之一卻是科學。通常，當我們考慮什麼是科學的時候，就是在處理一個哲學問題；而對科學方法原則的研究，也就是一項哲學研究。哲學家們關心的一個永恆的問題，就是嘗試用世界的普遍特徵來解釋它像什麼。但是在這裡，我們要審慎地說清楚：以科學的方式去描述事實，並不是哲學研究的一個恰當的目標。如果不尊重這一界限，系統的唯心主義者就會經常誤入歧途。哲學所能提供的是對經驗探索結果的一種考察方式，是把科學發現納入某種秩序的一個框架。唯心主義者過去的嘗試都沒有越過界線，完全處於自己的適當限度之內。

同時，我們可以指出，一旦開始從事科學工作，我們就已經陷入了一種哲學的世界觀。因為我們所說的常識，實際上就是有關事物本性的心照不宣的普遍性假設。喚起人們對這種情況的注意，這也許就是批判哲學的主要價值所在。無論如何，它並不是多餘的，它提醒我們：不管科學理論可以使我們採取什麼有利可圖的行動，它們的目標都是要陳述世界上某種真實的東西。就像忘了數的用途是為了計算一樣，那些認為理論不過是抽象形式體系的人，也忘記了這一點。

探索的對象並不是我們的創造物。實際上，儘管出現了錯誤和幻覺，我們也確實還能夠設法應付，並且常常感到難以覺察自己正在犯

錯。但是，使我們獲得正確認識的，並不是某些信仰提供給我們的那種隨意或內心的安寧。一個人可能會認為自己擁有無盡的財富，因為這種想法能為他帶來某種滿足感。雖然確實有人接受這種觀點，但整體而言，銀行經理們和法庭並不贊同他們的看法。有時候，探索的結果是錯誤的，但這並不表示它們就是主觀的。我們可以非常公正地看到，如果說有錯誤的話，那麼至少需要有一個當事人，自然本身是不可能犯錯的，因為它從不作任何表白。正是人闡述命題時才會犯錯誤。也許實用主義理論的一個動機就來自這一事實。因為如果錯誤是主觀的（按照它與犯錯者的關聯來理解），而且誰也無法保證不犯錯，那麼我們就會覺得自己總也走不出主觀見解的範圍。然而這種看法是不對的。說錯誤總是不知不覺地出現，這是一回事；斷定我們從未正確過，又是另一回事。如果我所說的是事實，那麼這個判斷裡就沒有任何主觀因素。對錯誤來說也同樣如此，如果我是錯的，那麼我犯錯就是一個關於認識世界的事實。重要的是強調公正探索的客觀性和所追求真理的獨立性。有些人堅持真理是某種可延伸的、主觀的東西，但他卻沒有注意到：按照這一觀點，探索就成了不可能的事了。另外，他們還錯誤地以為，探索者不可能只服從自己的好奇心，而完全忽視自己在發現中獲得的利益。大多數研究並非如此，沒有人會否認這一點，但還是有一些例外。不能用實用主義概念來解釋科學的歷史。

對於那些源於主觀主義偏見的、力量無窮的幻覺來說，尊重客觀真理很可能產生急煞車的防範作用，這就呈現出了哲學思辨的另一個主要動機。至此，我們談到的只是科學及其運作的一般原則（也是哲學研究的一個對象）。但是，作為社會動物的人，卻不光是對揭示世界感興趣，在世界的範圍內行動，這也是人的任務之一。科學考慮的是方法，我們

結束語

在此討論的卻是目的。人之所以會面對倫理問題，主要是因為社會本性決定了這一點。科學能夠告訴人實現某種目標的最佳方式，卻不能告訴人應該追求什麼樣的目標。

關於倫理問題，我們已經了解了各種不同的倫理觀。在柏拉圖的思想中，倫理最終與科學走到了一起，善即知識。如果真是這樣，當然令人鼓舞。但遺憾的是，柏拉圖的觀點過於樂觀了。有時候，那些最有知識的人倒有可能把知識轉變成罪惡。無論如何，不管一個人有多少知識，其知識本身是解決不了問題的。還有理性與意志的普遍性問題。如果我們否定了「兩者有充分的餘地達成一致」的看法，那麼我們就只能像奧卡姆那樣，承認它們是彼此獨立的。當然，這並不是說它們完全沒有關聯。對於意志與熱情來說，理智能夠，也的確發揮了制約和引導的作用；但嚴格地說，還是意志在選擇目的。這一事實產生了一項推論：我們無法對自己所追求的目標，或自己所採取的倫理原則進行科學的證明。要使論證得以進行下去，必須一開始就承認某些倫理前提。因此，人們可能會理所當然地認為，他們在行動上也應該這樣去維護自己所處的社會，或者去促進社會體系的某些變革。無論它有什麼樣的倫理前提，在這一基礎上都有可能產生各種論證，以表示為什麼要採取這樣或那樣的行動。有一個重點需要注意，如果沒有一個含有「應該」的前提，就無法推導出一個告訴自己應該做什麼的結論。

因此很明顯，倫理要求可以因人而異。在倫理問題上，人們常常會有不同的意見，這也是很正常的事。隨之而來的是這樣一個問題：能不能找到一種具有一定程度普遍效力的倫理原則？不管怎樣，倫理原則要想被人接受，就不能取決於某一個人。我們得出的結論是：如果存在著具有普遍範圍的倫理原則，那麼它就必須適用於整個人類社會。這並不

等於「在所有的方面都人人平等」，如果硬說就是如此，將是愚蠢的，因為事實上兩者並不一樣。人們在機會、能力和其他許多方面都有差異，但是在倫理判斷上，把他們歸於某個特殊的群體是行不通的。比如，我們主張一個人應該誠實，這一倫理原則就不取決於當事人的身材、相貌和膚色。從這個意義上，倫理問題就產生了「兄弟般的關係」概念。這一觀點首先在斯多葛派倫理學說中得到了清晰的闡述，而後又被基督教所採納。

大多數文明生活原則都具有這樣的倫理性質。我們無法用科學的理由來解釋為什麼隨意對別人施加暴力是不對的。我覺得那樣做似乎不對，還覺得自己的看法得到了廣泛的認同；但至於為什麼不對，我卻沒有把握提出充分的理由。這些難題還有待解決，也許在某個適當的時候，能夠找到解決的辦法。但同時，對那些持有相反觀點的人來說，這也暗示了他們應該提出這樣一個問題：我對這些問題的看法是否脫離了支持該看法的事實？這樣，一條看似具有普遍性的倫理原則，只不過是一種特殊的辯解罷了。

如前所述，儘管真正的倫理原則不會因人而異，但這並不意味著所有人都是一樣的。在各種眾所周知的差別中，知識差別是一個特例，我指的不僅僅是見聞，而且包括可以清晰有力地表達的知識。蘇格拉底認為知識傾向於與善一致，我們已經批判了這種理論的過於理性主義化。不過，有一個觀點是絕不能忽略的：蘇格拉底很坦率地承認，一個人所知道的，不過是滄海一粟罷了。總之，更重要的是，人應該探求新知識。善就是公正超然的探索，這是源自畢達哥拉斯的一個倫理原則。自泰利斯時代起，不受追求者控制的真理探索，就一直是科學運動的倫理推動力。必須承認的是，這確實沒有觸及濫用發明成果所引起的倫理問

結束語

題。不過，儘管我們應該正視這個問題，但如果把這些完全不同的論點糅在一起，卻也不利於我們理解這些問題。

因此，探索者要承擔起一項雙重性任務。一方面，盡力探求他的獨立研究對象，這正是他的使命，無論結果令人欣慰還是煩惱，他都必須這麼做，正如倫理原則對每個人都一視同仁一樣，探索結果也不一定會顧及我們的感情；另一方面，從倫理角度看，還有一個把探索結果轉化為善行的問題。

最後的問題是，應該如何理解真理是一件善事這個倫理原則。顯然，並不是每個人都具備從事科學探索的能力，但也不可能在任何情況下都猶疑不決，人必須思考，也必須行動。不過，有一件事卻是人人都能做到的，那就是允許別人自由決定是否對自己不願意懷疑的問題做出判斷。這也就順便說明了公正的探索是與自由（可看做另一種善）相關的。在一個社會中，寬容是探索得以繁榮的一個先決條件。言論和思想的自由是自由社會的強大推動力，只有這樣，探索者才有可能在真理的引領下漫遊。從這個意義上說，每個人都能夠對這一至關重要的善做出貢獻，儘管這並不表示我們要對每一件事都持相同的看法，但它可以保證不會人為地封閉任何探索之路。對於人來說，未經審驗的生活，確實是不值得過的。

哲學簡史——近代哲學的興起至當代：

功利主義起源與當代思潮變遷，羅素的西方哲學史

作　　者：[英] 伯特蘭·羅素 (Bertrand Russell)

譯　　者：伯庸

發 行 人：黃振庭

出 版 者：崧燁文化事業有限公司

發 行 者：崧燁文化事業有限公司

E - m a i l：sonbookservice@gmail.com

粉 絲 頁：https://www.facebook.com/sonbookss/

網　　址：https://sonbook.net/

地　　址：台北市中正區重慶南路一段61 號 8 樓

8F., No.61, Sec. 1, Chongqing S. Rd., Zhongzheng Dist., Taipei City 100, Taiwan

電　　話：(02)2370-3310

傳　　真：(02)2388-1990

印　　刷：京峯數位服務有限公司

律 師 顧 問：廣華律師事務所 張珮琦律師

定　　價：299 元

發 行 日 期：2024 年 07 月第一版

◎本書以 POD 印製

Design Assets from Freepik.com

國家圖書館出版品預行編目資料

哲學簡史——近代哲學的興起至當代:功利主義起源與當代思潮變遷，羅素的西方哲學史 / [英] 伯特蘭·羅素（Bertrand Russell）著，伯庸 譯 . -- 第一版 . -- 臺北市：崧燁文化事業有限公司 , 2024.07

面； 公分

POD 版

ISBN 978-626-394-537-1(平裝)

1.CST: 西洋哲學史

140.9　113010096

電子書購買

爽讀 APP

臉書